SOLIDARISCHER
INDIVIDUALISMUS

JOCHEN
OTT

SOLIDARISCHER INDIVIDUALISMUS

Wie wir die wunderbare
Freiheit
der Einzelnen mit der Kraft
der Solidarität verbinden

GREVEN VERLAG KÖLN

Lektorat: Joachim Geil, Köln
Gestaltung: Thomas Neuhaus, Billerbeck
Satz: Angelika Kudella, Köln
Gesetzt aus der Chaparral Pro
Papier: Fly 05 – weiß
Druck und Bindung: TanMedia, Köln

ISBN 978-3-7743-0944-9

Detaillierte Informationen über alle unsere Bücher finden Sie unter:
www.greven-verlag.de

Für Lotti, die ihr überwiegendes Leben lang
ihren Schwerpunkt auf das »Wir« gelegt hat
und dadurch mein »Ich« erst möglich gemacht hat.

Vorwort und Danksagungen

Unsere Gesellschaft befindet sich im Umbruch. Viele sind auf der Suche danach, was die Welt zusammenhält. Überzeugungen und vermeintliche Klarheiten sind ins Wanken geraten. Der wirtschaftspolitische Liberalismus wird nach vierzig Jahren infrage gestellt und der gesellschaftspolitische Liberalismus gerät ebenfalls unter Druck, weil viele Menschen mit der Vielfältigkeit und den unzähligen Möglichkeiten einer liberalen Gesellschaft überfordert sind. Während Ersteres in der zunehmenden sozialen Spaltung Ausdruck findet, wird Zweiteres in gesellschaftlicher Zerrissenheit, zum Beispiel in den vielen identitätspolitischen Debatten deutlich. Beides bereitet mir Sorgen und ich sehe, dass es vielen anderen Menschen genauso geht. Mir war es deshalb wichtig, in Köln einen Diskurs darüber anzustoßen, wie in einer individualisierten Gesellschaft ein neues »Wir« entstehen kann. Ich freue mich sehr, dass wir dazu sowohl im Rahmen einer Veranstaltung im Oktober 2020 die Einschätzung vieler spannender Personen hören konnten als auch im Gespräch mit Kölner Persönlichkeiten ihren Blick dazu verstehen. Ein Ergebnis davon ist das vorliegende Buch.

Herzlichen Dank an alle Teilnehmenden der Veranstaltung »Von ›Unter'm Strich zähl' ich‹ zum neuen ›Wir‹« dafür, dass Sie sich die Zeit genommen haben und Ihre Einschätzung zum »neuen Wir« mit uns geteilt haben: Vielen Dank, Kathrin Hartmann, Stephan Grünewald und Dr. Frank Vogelsang für Ihre vielseitigen Inputvorträge. Danke an Dr. Nicole Grünewald, Prof. Dr. Karim Fereidooni und Robert Misik für Ihre Teilnahme am lebendigen Podiumsgespräch und natürlich Jürgen Wiebicke für die Moderation.

Die Veranstaltung konnte nur dank Axel Molinski und seinem Team von der Volksbühne am Rudolfplatz stattfinden. Danke Axel, für deine Begeisterung und Bereitschaft, Politik und Kultur in der

Volksbühne zusammenzubringen – ohne Angst vor (partei-)politischen Diskursen oder gar Politikern. Nach der anregenden Veranstaltung war mir klar: Ich möchte die vielen klugen Gedanken zum neuen »Wir« in einem Buch zusammentragen. Denn es ist ganz deutlich geworden, dass die Suche nach mehr Solidarität viele Menschen umtreibt. Die Teilnehmenden in der Volksbühne haben ihre Gedanken eingebracht. Dabei wurde die Herausforderung deutlich, dass die Solidarität in einem Spannungsfeld mit der individuellen Freiheit steht, das eigene Leben so zu leben und zu gestalten, wie man es eben für richtig hält. Pfarrer Franz Meurer, Rainer Kippe und Erik Flügge haben während dieser Pandemie mit ihren Gedanken immer wieder auf dieses Spannungsfeld hingewiesen. Ich bedanke mich für eure Bereitschaft, eure Gedanken einzubringen.

Die Umsetzung des Buches konnte nur durch die Unterstützung von Pfarrer Franz Meurer sowie durch die vielen Gespräche mit Peter Sprong und dank seiner Kunst, Gedanken in Worte zu fassen, gelingen.

Herzlichen Dank auch an den Greven Verlag Köln – Damian van Melis und sein Team haben sich auf eine Fortsetzung meines Wunsches nach einer weiteren politischen Streitschrift eingelassen und mich gemeinsam mit Lektor Joachim Geil in teils hitzigen Diskussionen vor dem Abdriften in Banalitäten bewahrt.

Natürlich geht ein großer Dank an Paula und Hans Ott, Peter Otten, Martin Bornträger, Martin Börschel und Andreas Hahn und vor allem an mein Team. Danke, Kathrin, Jason, Anette, Stephen, Christina, Maria, Jens, Claudia, Marvin und Nigül, dass ihr mit Hinweisen und Widerspruch mitgearbeitet habt. Besonders Kathrin Schroth und ich haben hart gerungen um das Verhältnis sowie die Wertigkeit von kulturellen und sozialen Fragestellungen. Ohne deine Geduld und deine Bereitschaft wäre das Buch nicht entstanden.

Meine Frau Julia versorgte mich immer wieder mit anregender Lektüre und Gedanken zur Solidarität gerade während der Pandemie. Sebastian Klein und Stefan Terliesner schenkten mir zum Geburtstag das Buch von Frank Vogelsang und brachten das Projekt somit ins Rollen.

Meine Familie hatte, wie so viele andere, im Pandemiejahr enorme Herausforderungen zu bewältigen. Solidarität mit der Generation der Großeltern hieß für die Kinder, zu verzichten, eigene individuelle Wünsche zurückzustellen. Ich bin stolz auf meine Töchter, die ganz praktisch jeden Tag das Verhältnis von »Ich« und »Wir« ausbalancieren und meine philosophischen Gedanken ertragen mussten. Vielen Kindern und Jugendlichen ging es in diesem Jahr deutlich schlechter als uns Erwachsenen. Umso mehr haben wir älteren Menschen nun die Pflicht, unseren Kindern und Jugendlichen individuelle Entfaltungsmöglichkeiten zu ermöglichen. Ich werde dafür arbeiten und erwarte das auch von anderen.

Als rheinisch-katholischer Christ, als Sozialdemokrat und überzeugter Rheinischer Kapitalist merkt man in dieser Zeit so deutlich, wie wichtig gute Führung, klarer Kompass und Bereitschaft zum Zusammenhalt sind. Die eigenen Überzeugungen wurden in den letzten Jahren massiv herausgefordert. Gleichzeitig sind die liberalen Parteien FDP und Grüne für mich ebenfalls eine große Herausforderung. Eigentlich verbindet mich mein gesellschaftliches Sein mit deren Unterstützermilieus, allerdings ist mir bei beiden Parteien die Betonung des Ichs einfach zu stark.

Menschen brauchen das »Wir«, brauchen andere Menschen, das Gegenüber, das einen auch in schwierigen Zeiten trägt; eine Gemeinschaft und eine Gruppe, auf die man sich verlassen kann. Es muss aber eine Gruppe sein, die dem/der Einzelnen die Möglichkeit zur Entfaltung und Entwicklung lässt.

Es ist an der Zeit, die wunderbaren Möglichkeiten und Freiheiten des Individualismus als Errungenschaft der Aufklärung zu leben, ohne die Kraft der Solidarität über Bord zu werfen. Es braucht einen solidarischen Individualismus.

Kapitel 1: Was vor Corona war – »Wir oder ich?« Wie das Narrativ der Gemeinschaft verloren ging und wie wir es neu beleben können

Schon das Jahr vor Ausbruch der Pandemie hatte es in sich: Auf das Bürgerbüro des SPD-Bundestagsabgeordneten Karamba Diaby wurde geschossen. Ein Bürgermeister wollte sich nach massiven Drohungen von rechten Gruppen bewaffnet verteidigen, weil die Polizei nicht präsent war. Ein Bezirksvertreter in meinem Wahlkreis schoss nach einem Streit einem Jugendlichen von hinten in die Schulter. Alles, was uns im Jahr zuvor wie die unvorstellbare Wiederkehr längst vergangen geglaubter Zeiten beunruhigt hatte, war innerhalb von wenigen Tagen ungleich präsenter wieder da. Erschütternd ist übrigens in diesem Zusammenhang, dass ein Satirebeitrag des WDR-Kinderchors über die Oma im Hühnerstall mehr mediale Berichterstattung und Empörung auslöste als diese Gewalttaten. Offensichtlich und unerträglich wurden: Hass-Kommunikation in den sozialen Medien, Politiker-Bashing, aber auch gegenseitige Beschimpfungen und die Abwertung anderer Meinungen, oft der Würde. Und schließlich wurde ein Regierungspräsident für seine flüchtlingsfreundliche Haltung ermordet.

Zwei Dinge grassieren: ein rücksichtsloser Egoismus – Rettungswagen werden ausgebremst, Helfer*innen angepöbelt und Feuerwehr und Polizei angegriffen, Mitarbeiter*innen der staatlichen Ämter, von Wohnungsgenossenschaften oder Handwerksbetrieben verunglimpft – und eine ungehemmte Respektlosigkeit. Und sie werden, so scheint es, gepaart mit den vielen mitunter rassistischen Narrativen über Teile der Gesellschaft weitgehend akzeptiert. Doch sie höhlen unsere Gesellschaft und unsere Demokratie aus. Andererseits fühlen sich viele Menschen durch eine als moralisierende Überheblichkeit empfundene Haltung ihres Gegenübers gedemütigt und bevormundet, wenn ihnen etwa vorgeworfen wird, nicht die »korrekten« Begrifflichkeiten zu verwenden und »falsche« inhaltliche Positionen zu beziehen. Der Zusammenhalt, das »Wir«, funktioniert nicht mehr und wir sind nun auf der fieberhaften Suche nach einer neuen Orientierung, die uns Halt geben und einander wieder näherbringen kann.

Woher kommt diese Einstellung, dass fast jedes Mittel recht ist, wenn es darum geht, einen eigenen Vorteil zu sichern oder »eigene« Ressourcen gegen fremde Ansprüche zu verteidigen?

Vom Rheinischen Kapitalismus zum oftmals ungebändigten Kapitalismus

Wer auf diese Fragen mehr als schnelle Antworten sucht, muss rund vierzig Jahre zurückschauen. Ende der 1970er-, Anfang der 1980er-Jahre nämlich ging im Westen eine Ära zu Ende – die Ära des Sozialen, der Gemeinschaft und des »Wir«. Begonnen hatte sie wiederum rund drei Jahrzehnte zuvor.

Nach dem Ende des Zweiten Weltkriegs – unter dem noch frischen Eindruck der ungeheuerlichen Barbarei, die der Faschismus und der Nationalsozialismus angerichtet hatten – gab es quer durch alle politischen Lager eine weithin geteilte Überzeugung: Nie wieder darf sich Ähnliches wiederholen. Das übermächtig bedrückende »Wir«[1] der Nationalsozialist*innen sollte aufgelöst und stattdessen eine positive Individualisierung ermöglicht werden. Allgemeiner Konsens war dabei auch die Einsicht: Hätte es die großen Wirtschaftskrisen der 1920er- und 1930er-Jahre nicht gegeben sowie die galoppierende Inflation und die Massenarbeitslosigkeit, dann hätte der Faschismus nicht so leichtes Spiel gehabt. Ausgerechnet in den USA hatte man das noch rechtzeitig verstanden. Präsident

[1] Vgl. Flügge 2020.

Roosevelt war es dort mit seinem »New Deal« gelungen, die sozialen Folgen von Börsencrash und Konjunktureinbruch einzugrenzen.

Nach dem Krieg wurde diese Politik, die sich an Theorien des Wirtschaftswissenschaftlers John Maynard Keynes orientierte, auch in Europa zum Maß der Dinge. Nach dem Motto »Was alle angeht, können auch nur alle lösen« stand der Staat in der Verantwortung, sozialen Zusammenhalt nachhaltig zu organisieren. Auch in der Wirtschaft musste er eine aktive Rolle spielen und die Fliehkräfte des freien Marktes im Bedarfsfall bändigen. Nur so können die immer wiederkehrenden Abschwünge aufgefangen und die sozialen Folgen in Grenzen gehalten werden. In Deutschland entstand aus dieser Einsicht das Erfolgsmodell der Sozialen Marktwirtschaft, der Versuch also, das »marktwirtschaftliche Organisationsgebilde mit sozialen und gesellschaftlichen Fortschritten vereinbar zu machen«, wie es der Ökonom Alfred Müller-Armack in den 1950er-Jahren formulierte – ein europäischer »New Deal«, angelegt auf Dauer. Damit war eine Variante dessen geboren, was viel später, erst 1992, von Wissenschaftler*innen als »Rheinischer Kapitalismus« bezeichnet wurde.

Bis Ende der 1970er-Jahre hat dieses Modell funktioniert: Das marktwirtschaftliche Gewinnstreben der/des Einzelnen beförderte zugleich den Wohlstand der Allgemeinheit. Der sogenannte »Fahrstuhleffekt« war intakt: Wenn es nach oben geht, fahren alle – oder zumindest viele – mit. Erst die Ölkrise brachte das System ins Stottern. Zunehmende Inflation trieb die Preise, was wiederum die Lohnforderungen steigen ließ, Arbeit verteuerte und die Wettbewerbsfähigkeit unter Druck setzte. Hinzu kamen Auswüchse im sozialwirtschaftlichen Sektor wie etwa der Skandal um die gemeinnützige Wohnungsbaugesellschaft »Neue Heimat«. Immer größer wurden die Zweifel daran, ob das System der Sozialen Marktwirtschaft noch zeitgemäß sei. Wirtschaftswissenschaftler*innen in den USA zweifelten daran schon lange. Die Exponenten der sogenannten »Chicago School« hielten die Kräfte des Marktes gegenüber der Gestaltungskraft des Staates für prinzipiell überlegen und wollten nicht nur die genuin ökonomische Sphäre von staatlichen Einflüssen möglichst freihalten, sondern erklärten umgekehrt auch das Gemeinwohl zu einem Gegenstand des freien Marktes. Der Homo oeconomicus sollte zum Maß aller Dinge werden. Die Dynamik von Angebot und Nachfrage sollte demnach so gut wie jeden Bereich des menschlichen Zusammenlebens regeln – und zwar zum Wohle aller. Natürlich war »Leistung« schon früher ein wichtiger Wert in Gesellschaften. »Doch erst die Theoretiker des Liberalismus erhoben ›Leistung‹ auch zu einem umfassenden gesellschaftlichen Ordnungsprinzip.«[2] Andere Aspekte des Homo sapiens wurden dabei schlicht vergessen. In den USA machte sich Ronald Reagan zum Fürsprecher, in Großbritannien erklärte Margaret Thatcher schließlich sogar: »There is no such thing like society. Only individuals.«

Und genau darin lag und liegt die große Attraktivität des Laissez-faire-Kapitalismus: In der Ermächtigung des Einzelnen. »Jede*r ist ihres/seines Glückes Schmied«, lautet die Botschaft, jede*r kann sein/ihr Leben nach eigenen Vorstellungen ausrichten; kann glücklich und erfolgreich werden – vorausgesetzt, dass er/sie sich den Wettbewerbsbedingungen des Marktes gewachsen zeigt, fleißig ist, flexibel, lernfähig und durchsetzungsstark. Und wer würde all das nicht gern von sich behaupten? Auch deshalb hatte der Neoliberalismus seit den frühen 1980er-Jahren leichtes Spiel: Unter der Flagge des Individualismus scheint für den Einzelnen mehr zu gewinnen zu sein als unter den Losungen von Solidarität.

Zudem begann in der Bundespolitik Ende der 1970er-Jahre ein genereller Wandel der politischen Kultur, es entstanden Ideen und Praktiken, die bis heute unser Leben beeinflussen: Die Liberalen orientierten sich neu als »marktliberale Partei der aufstiegsorientierten Mittelschicht«[3] und die Grünen entstanden 1979 als »neuer politischer Arm des alternativen Milieus«[4]. Statt der marxisti-

[2] Neckel 2012, S. 64.

[3] Bösch 2019, S. 270.

[4] Ebd.

schen Theorie bildete nun die Ökologie den Kompass der Linken. Und diese Ausrichtung erwies sich als besonders erfolgreich: Nur vier Jahre nach dem Zusammenschluss als Bundespartei saßen bereits Grünen-Abgeordnete im Bundestag. Inhaltlich waren sie verschiedenen Strömungen zuzuordnen und keinesfalls nur eine »Hippie«-Partei; neben Gruppen der Neuen Sozialen Bewegungen engagierten sich auch enttäuschte Linksliberale und Sozialdemokrat*innen sowie ökologische Konservative.

Auch wenn diese beiden Parteien auf den ersten Blick wenig gemeinsam haben, sind FDP und Grüne doch durch diverse strukturelle Parallelen vereint. »Beide repräsentieren einen Wandel des Liberalismus und der politischen Kultur«[5]; beide entwickelten sich aus der Wahrnehmung fundamentaler Krisen heraus und ließen keinen Widerspruch gegen ihre alternativlose Wahrnehmung zu. Das grüne Ethos der Eigeninitiative etwa und die Übernahme von wohlfahrtsstaatlichen Aufgaben wie der Führung von Kindergärten ähnelte liberalen Traditionen und liberalem Selbstverständnis (auch wenn es nicht gewinnorientiert war). Selbst ihre Wähler*innenklientel entstammt ähnlichen Milieus aus der besserverdienenden akademischen Mitte oder dem öffentlichen Dienst, der früher einmal typisches FDP-Gebiet war. Auch charakteristische grüne Themen wie Umwelt- und Datenschutz oder der Umgang mit politisch Verfolgten und Geflüchteten wurden historisch zuerst von der FDP besetzt. Die Lösungen beider Parteien für diese Themen sind häufig radikal und kompromisslos – und stellen die grundlegenden Parameter des Neoliberalismus (Individualität, Markt, Leistung) nicht infrage.[6]

»Insofern sind ökologische und marktliberale Strukturen zu einer Art neuem Konsens geworden.«[7] »Bildlich gesprochen: Wir trennen heute unseren Müll zum Recycling, den dann private Ent-

[5] Ebd., S. 294.
[6] Vgl. ebd., S. 294–304.
[7] Ebd., S. 304.

sorger abholen.«[8] Der Zusammenbruch der sozialistischen Staaten am Ende der 1980er-Jahre beschleunigte und verstärkte den Eindruck, ein »Ende der Geschichte« sei erreicht, wie es der amerikanische Politikwissenschaftler Francis Fukuyama 1989 zugespitzt formulierte. Der liberale Kapitalismus hatte seine Überlegenheit unter Beweis gestellt und im Kampf der Systeme den Sieg davongetragen. Was jetzt noch – und sei es nur von ferne – an »sozialistische« Werte wie Gemeinschaft oder Zusammenhalt erinnerte, durfte sich kaum noch Chancen auf öffentliche Akzeptanz ausrechnen. Selbst die Sozialdemokratie meinte, umsatteln zu müssen, wenn sie mit dem Zeitgeist gehen wollte. Tony Blair in Großbritannien und Gerhard Schröder in Deutschland sorgten mit ihren Agenden dafür, dass die Parteien des »Wir« in Zeiten des »Ichs« den Anschluss nicht verloren. Mit dem Ziel, den Einzelnen möglichst zu fordern und zu fördern, wollte man die Menschen »fit machen« für das neoliberale System.

Gefährliche Entwicklungen zu einem neuen, ab- und ausgrenzenden »Wir«

Jedoch: Ganz so reibungslos, wie es damals vielen schien, verlief die Durchsetzung des uneingeschränkten Liberalismus nicht. Die Gesetze des Wettbewerbs und des freien Marktes entpuppten sich als durchaus unbarmherzig – zumal sie durch Globalisierung und Digitalisierung noch weiter verschärft wurden. Sowohl international – im Wettbewerb der Staaten – als auch national – im Wettbewerb der Individuen – blieben und bleiben viele auf der Strecke, fühlen sich zu kurz gekommen und abgehängt, ja abgewertet. Zu viele. Sie formierten sich zu einer neuen Macht, die ihre politische Heimat nun nicht mehr im linken politischen Spektrum sucht – von ihm hat sie sich enttäuscht abgewendet –, sondern im Rechtspopulismus.

[8] Ebd., S. 270.

Denn dort verspricht man ihnen mehr als die liberale Erzählung von den Selbstverwirklichungsmöglichkeiten des Individuums. Dort wird wieder ein »Wir« angeboten, in dem die reale Erfahrung der eigenen »Marktuntauglichkeit« und all die damit einhergehenden Kränkungen vermeintlich Linderung erfahren. Dort lassen sich offenbar Alternativen zu den demokratischen Repräsentant*innen finden, von denen man sich abgewertet fühlt. Und wie schon einmal, in den 1920er- und 1930er-Jahren, ist es ein »Wir«, das sich vor allem durch Abgrenzung definiert: von den Fremden, den Geflüchteten und eben vom Establishment der Gesellschaft, den Gewinner*innen der Individualgesellschaft: »Nicht sie, sondern ›wir‹ sind das Volk und an unseren Bedürfnissen und Wünschen soll sich die Politik orientieren«.

Gleichzeitig liefert diese »völkische« und teils rassistische Definition des »Wir« eine »Vereindeutigung« persönlicher Lebensziele. Man weiß wieder, was »richtig« und was »falsch« ist, die zersplitterte, unübersichtliche Welt des gesteigerten Individualismus wird wieder verstehbar, und das »völkische Wir« verspricht wieder Ordnung in die Dinge zu bringen – und damit ein Ende von Unsicherheits- und Ohnmachtsgefühlen gegenüber einer Welt, die außer Rand und Band zu sein scheint.

Dabei wird die digitale Welt allzu gern unhinterfragt als Quelle zuverlässiger Informationen verstanden. Die gezielte Nutzung der sozialen Medien und ein falsches Verständnis der Digitalisierung von Wissen dienen auch Demagog*innen bei der Produktion von »Fakenews« und »Hatespeech« als wichtige Instrumente, um Abgrenzung und Empörung anzuschüren und aufrechtzuhalten. So entsteht aus dem Gefühl, dass die aufgeschnappte Sichtweise von einem großen Teil der Gesellschaft geteilt wird, ein vermeintliches »Wir«, das nichts mehr mit gesellschaftlichem Zusammenhalt zu tun hat. Diese Frage treibt auch den Philosophen Jürgen Habermas um, der die Herausforderungen 2020 treffend so zusammenfasste:

»Die klassischen Massenmedien konnten die Aufmerksamkeit eines großen nationalen Publikums bündeln und auf wenige relevante Themen lenken; das digitale Netz fördert die Vielfalt kleiner Nischen für beschleunigte, aber narzisstisch in sich kreisende Diskurse über verschiedene Themen. Die unbestreitbaren Vorteile dieser Technik stellt ja niemand in Frage. Aber im Hinblick auf den Strukturwandel der politischen Öffentlichkeit interessiert mich der eine Aspekt: Sobald die zentrifugalen Kräfte dieser ›Blasen‹ bildenden Kommunikationsstruktur die Sogwirkung der inklusiven Öffentlichkeit aufwiegen, dürften sich konkurrierende öffentliche Meinungen, die für die Bevölkerung im Ganzen repräsentativ sind, nicht mehr ausbilden können. Die digitalen Öffentlichkeiten würden sich dann *auf Kosten* einer gemeinsamen und *diskursiv gefilterten* politischen Meinungs- und Willensbildung entwickeln.«[9]

Die Kräfte des »völkischen Wirs« nutzen also die sozialen Medien scheinbar erfolgreicher als die Mehrheit der Kräfte einer offenen Gesellschaft und versuchen, ihr exklusives »Wir« mehrheitsfähig zu machen.

Die Herausforderung Klimaschutz

Neben dem »völkischen Wir«-Narrativ gibt es derzeit nur ein weiteres, das eine ähnliche Funktion erfüllt (auch wenn es natürlich im Kern anders aufgebaut ist): das Klima-Narrativ. Auch hier geht es für manche darum, eine überkomplexe Wirklichkeit wieder handhabbar zu machen. Aber die Wirklichkeit ist komplex und der Versuch, diese auf CO_2-Tonnen-Ziele und daraus abgeleitet Gut-und-Böse-Sortierungen zu reduzieren, hilft nicht. Entstehende Probleme, die mit einer konsequenten Klimapolitik einhergehen, müssen benannt und nicht ideologisch weggeredet werden. Denn bisher gilt: Was dem Klima nutzt, ist gut, was ihm schadet, ist böse. Doch das ist zu einfach. Die Mehrheit der Menschen muss bei dem großen Menschheitsziel mitgenommen und die Bereitschaft

[9] Habermas 2020, S. 28.

gefördert werden, dass die eigene Beteiligung an der Zielerreichung für einen selbst, aber auch für die Menschheit ein großer Gewinn ist. Nur eines ist klar, ein neoliberaler Ansatz, also eine grüne Version der Marktideologie, wird diesem Ziel nicht gerecht. Im Gegenteil, ein solcher Ansatz wird wegen seiner im Kern neoliberalen Argumentation ohne soziale Abfederung scheitern und im schlimmsten Fall das Gegenteil bewirken, wie wir dies in den USA erlebt haben. Deshalb darf die Verantwortung nicht beim Einzelnen abgeladen werden.

Leider werden Probleme äußerst selten aus der Welt geschafft, indem eine kritische Masse von Menschen innerhalb einer hinreichend kurzen Zeitspanne freiwillig das Richtige tut. Auch vermeintlich kleinere Fortschritte wie die Reduzierung der Zahl von Verkehrstoten durch das Tragen von Sicherheitsgurten oder die Schließung des Ozonlochs durch das Verbot von FCKW-haltigen Kühl- und Treibmitteln wären uns mit Appellen an den Einzelnen kaum gelungen. Stattdessen haben sich demokratisch gewählte Parlamente dieser Dinge angenommen und sie auf dem Wege rechtsstaatlicher Gesetzgebungsverfahren aus der Welt geschafft. Mit anderen Worten: Das »Wir« entscheidet, nicht der Einzelne.

Aber: Dieses »Wir« entscheidet nicht diktatorisch und auch selten so schnell, wie sich das manche wünschen würden. Es gibt nämlich Verfahren, die gut begründet sein wollen und daher Zeit in Anspruch nehmen. Ein demokratisches »Wir« kennt auch keine »absoluten« Ziele, denen alles andere unterzuordnen wäre, sondern akzeptiert die Existenz einer Fülle von legitimen Interessen. Sie in angemessener Zeit zu einem lebensfähigen Ausgleich zu bringen, gehört zu den kraftraubenden, aber lohnenden Aufgaben in einer solchen Gemeinschaft. Mehr Gemeinwohl ist auch deshalb zwingend, weil die »not in my backyard«-Einstellung eine weitere Folge der Individualisierung ist. Wenn dem Klimawandel nicht mit der Verbotswende begegnet werden soll, dürfen sinnvolle Straßenbahnen nicht daran scheitern, dass Einzelne die Bahn nicht vor ihrer Tür haben wollen.

Erstes Fazit

Die gesellschaftlichen Entwicklungen der letzten Jahrzehnte weisen also zwei wichtige Facetten auf: Erstens führte unter anderem die Fokussierung auf den Neoliberalismus dazu, dass Menschen eine individuelle Mitverantwortung an Entwicklungen gegeben wird, für die sie möglicherweise gar nichts können. Durch die Übertragung einer Schuld auf Einzelpersonen wird ihnen zugleich die Last auferlegt, eine Lösung mitzutragen – wie zum Beispiel beim Klimawandel. Bei allem Wohlstand und den unbestreitbaren individuellen Möglichkeiten eines Teils der Gesellschaft spürt dieser, dass er hier an Grenzen stößt, und verhält sich wie beim mittelalterlichen Ablasshandel. Währenddessen überlegt der andere Teil voller Sorge, wie er, der bisher auch nur so eben bis zum Monatsende kommt, demnächst die Familie durch den Monat bringen soll.

Zweitens haben sich Gesellschaften in diesem Zuge derart entwickelt, dass sich der Einzelne oft erst einmal selbst sieht und somit Anspruch auf die alleinige Wahrheit für sich propagiert. Einerseits eine wunderbare Freiheit, das eigene Leben zu gestalten und für sich das Beste aus allen Angeboten zu kombinieren. Alles ist möglich. Diese Möglichkeit ist für viele Menschen andererseits eine permanente Überforderung. Bei manchen führt sie zu Ängsten und entweder dazu, den großen vereinfachenden Ideen oder Verschwörungstheorien zu folgen. Oder das »Ich« drängt so in den Vordergrund, dass andere Meinungen und Wahrnehmungen als Angriff auf die eigene Person gewertet werden, dem man sich mit aller Härte entgegenstellen muss. Dabei geht es oft gar nicht mehr um Inhalte, sondern oft um die Aufregung an sich.

Kapitel 2: Von »Unter'm Strich zähl' ich« zum neuen »Wir«

Am 3. Oktober 2020 habe ich in Zusammenarbeit mit dem Heinz-Kühn-Bildungswerk Köln e. V. zu einer Veranstaltung in die Volksbühne am Rudolfplatz eingeladen. Mir war es in diesem besonderen Jahr wichtiger denn je, über den Zustand unserer Gesellschaft ins Gespräch zu kommen. Denn Risse, die schon lange in unserer Gesellschaft zu bemerken waren, sind durch die Corona-Pandemie noch sichtbarer und stärker geworden. In drei Vorträgen und einem Podiumsgespräch haben Fachpersonen aus ganz verschiedenen Bereichen ihre Sicht mit uns geteilt und erläutert, wo sie die Gründe für die Risse sehen und welche Ideen sie für ein neues, starkes »Wir« entwickelt haben. Der Tag der deutschen Einheit war genau der passende Termin, um die vielfältigen Sichtweisen auf unsere Gesellschaft zu hören und die Diskussion darüber neu zu beleben. Ausgehend von der Veranstaltung habe ich Gespräche mit meinen vortragenden Gästen Dr. Frank Vogelsang, Stephan Grünewald und Kathrin Hartmann geführt und ebenso das Podiumsgespräch zwischen Prof. Dr. Karim Fereidooni, Robert Misik und Dr. Nicole Grünewald unter der Moderation von Jürgen Wiebicke schriftlich festgehalten.

Im Gespräch mit …

FRANK VOGELSANG: »DAS INDIVIDUUM IST KEIN NATURZUSTAND«

Dr. Frank Vogelsang wurde 1963 in Wuppertal geboren und hat 1998 im Fach Evangelische Theologie promoviert. Er ist aber auch Diplomingenieur, war von 1999 bis 2002 Geschäftsführer des Wissenschaftsforums der Sozialdemokratie und ist seit 2005 Direktor der Evangelischen Akademie im Rheinland. Er verbindet in seiner Arbeit theologische, naturwissenschaftliche und sozialphilosophische Interessen. 2020 veröffentlichte der das Buch: Soziale Verbundenheit. Das Ringen um Gemeinschaft und Solidarität in der Spätmoderne.

Jochen Ott: Wie steht es derzeit um die Solidarität in unserer Gesellschaft? Das Bild ist ja durchaus von Widersprüchen geprägt: Einerseits erleben wir rund um die Corona-Krise sehr viel Engagement und Mitgefühl. Die Leute klatschen nicht nur Beifall, viele werden auch aktiv. In der Nachbarschaft oder im Verein helfen sie denen, die besonders auf Unterstützung angewiesen sind. Auch die staatlichen Hilfen lassen sich – bei aller Kritik im Einzelnen – zunächst einmal als Zeichen von Solidarität und Zusammenhalt verstehen. Auf der anderen Seite aber erleben wir immer mehr Individualismus und eine Mentalität, die dem Leitspruch folgt: »Unter'm Strich zähl' ich.« Nach ihm haben wir unsere Veranstaltung benannt. Besonders in den sozialen Medien spiegelt sich das, in den Hasskommentaren und im rüden Ton, der dort herrscht. Was ist Ihrer Beobachtung nach prägender für unsere Zeit? Das Wir- oder das Ich-Gefühl?

Frank Vogelsang: In gewisser Weise gilt tatsächlich beides. Doch die gesellschaftliche Entwicklung der letzten Jahrzehnte zielt klar in eine Richtung, in die einer immer stärkeren Individualisierung. Die verfügbaren Ressourcen für Solidarität schwinden kontinuierlich. Der gern verwendete moralische Appell an Solidarität ist meiner Ansicht nach nur eine Schrumpfform von Solidarität. Damit ist nicht alles verloren, die Quelle für soziale Verbundenheit ist auch in unserer Gesellschaft nach wie vor da. Es können auch neue Formen von sozialer Verbundenheit entstehen. Doch ein Selbstläufer ist eine solche Entwicklung angesichts des allgemeinen Trends nicht.

Ott: Aber war sie das denn jemals? Und ist nicht die Individualisierung auch positiv zu bewerten?

Vogelsang: Oh ja, und jahrhundertelang konnte Individualisierung sogar mit Emanzipation gleichgesetzt werden. In der europäischen Moderne hat die Betonung der freien Entfaltung eines jeden Menschen zu großen gesellschaftlichen Errungenschaften geführt. Die Freiheit ist eine der drei zentralen Werte der Französischen Revolution. Doch in den letzten Jahrzehnten hat die Entwicklung eine entscheidende Wende genommen.

Ott: Eine Art Radikalisierung der Individualitätsidee?

Vogelsang: Ja, in gewisser Weise. In meinem Buch nenne ich den aktuellen Zeitgeist, der in diese Richtung geht, den hegemonialen Diskurs der Spätmoderne. Hegemonial, also vorherrschend, sind dabei vor allem zwei zentrale Gedanken: Erstens ist der Mensch vor allem ein Individuum, das sich aus sich selbst heraus entfaltet, das sich selbst verwirklicht. Alles, was seine Selbstverwirklichung befördert, ist gut, alles, was sie einschränkt, ist dagegen schlecht. Zweitens wird die Gesellschaft auf die gegenwärtigen Verhältnisse, auf die Steuerungen von Systemen wie dem Markt reduziert. Und:

Die Vergangenheit spielt in der Gegenwart nur noch eine untergeordnete Rolle. Auch die Zukunft wird abgewertet. Starke Bilder von einer besseren Zukunft haben wir verloren. Zukunft ist eher die Fortschreibung der Gegenwart mit den Mitteln von Prognosen, die meist negativ sind.

Ott: Aber es gibt da auch die Schülerinnen und Schüler von Fridays for Future und andere engagierte Gruppen. Die sehen zwar die Probleme der Zukunft, haben aber doch durchaus auch positive Ideen für die Zukunft.

Vogelsang: Das mag sein, aber gerade diese Bewegungen berufen sich ja auf Prognosen. Mit Geschichte meine ich aber eine offene Geschichte, die von Hoffnung und Zukunftsbildern geprägt ist. Durch eine Reduktion auf Individuen und eine Abwertung von Geschichte geht der Sinn von sozialer Verbundenheit verloren – einerseits von Verbundenheit der Menschen untereinander und andererseits von Verbundenheit durch die Zeit hindurch, in Richtung Vergangenheit, aber auch in Richtung Zukunft. Nun ist aber jede Solidarität ein Ausdruck sozialer Verbundenheit. Und jede Vorstellung einer besseren Zukunft lebt von der Hoffnung, dass man in und durch die Geschichte gesellschaftliche Verbesserungen erreichen kann. Es ist gerade der dritte Wert der Französischen Revolution, die Brüderlichkeit beziehungsweise die Solidarität, der heute zu kurz kommt.

Ott: Und was hat diese Entwicklung hin zur individualistischen Spätmoderne aus historischer Sicht besonders befördert? Wo liegen die Ursachen?

Vogelsang: Hier ist eindeutig und an erster Stelle der wirtschaftspolitische Wandel zum Neoliberalismus zu nennen. Maßgebliche Verfechter dieses Wandels waren in den 1980er-Jahren Ronald Reagan und Margaret Thatcher. Doch sie allein hätten keine langfristigen Wirkungen gehabt, wenn nicht ihre Nachfolger im Amt der einmal eingeschlagenen Richtung gefolgt wären, also Politiker des linksliberalen Spektrums wie Bill Clinton, Tony Blair und eben auch Gerhard Schröder. Die Globalisierung nahm in den 1990er-Jahren Fahrt auf, Finanzmärkte wurden geöffnet und alle Arten von Handelsbeschränkungen abgebaut.

Ott: Aber das sind ja zunächst einmal nur wirtschaftspolitische Weichenstellungen. Welcher Weg führt von dort zu den kulturellen und sozialen Phänomenen?

Vogelsang: Der Neoliberalismus ist nicht nur ein wirtschaftspolitisches Konzept. Er erhebt auch normative Ansprüche an die Menschen. Der ideale Mitarbeiter von Konzernen etwa ist in dieser Vorstellung ein gut ausgebildetes, vielsprachiges und flexibles Individuum. Weiterhin sollte jeder Mensch mit seinem noch so kleinen Vermögen an Börsen handeln, ganz nach dem Vorbild großer Investmentgesellschaften, die ebenfalls in jener Zeit entstanden. Und zugleich geraten unter diesen Vorzeichen große soziale Organisationen in einen grundsätzlichen Verdacht, weil sie im Zweifel die Märkte verzerren. Bekannt ist, wie Thatcher die Gewerkschaften in den 1980er-Jahren niedergerungen hat. Der Soziologe Robert Putnam hat im Jahr 2000 die US-amerikanische Gesellschaft analysiert und dies in dem Buch *Bowling Alone* veröffentlicht. Seine Diagnose: Seit den 1980er-Jahren nehmen Intensität und Umfang des Vereinslebens in den USA massiv ab.

Ott: Nun könnte man ja sagen: »So ist das im Leben. Gesellschaften verändern sich. Und wenn es weniger Vereine gibt, dann liegt das wohl daran, dass der Bedarf nicht mehr da ist. Man sollte solchen Veränderungen nicht im Wege stehen.«

Vogelsang: Eine solche Haltung übersieht, dass diese Form des Wandels nicht wertneutral ist und politisch weitreichende Folgen hat. Das zeigt ein Blick auf die größeren Zusammenhänge: England war im 19. Jahrhundert die führende Nation der Globalisierung, die USA waren es im 20. Jahrhundert. Beide Länder sind Standort der beiden größten Börsen der Welt, London und New York. In beiden Ländern hat die neoliberale Wende in den 1980er-Jahren begonnen. Und nun sind es gerade diese beiden Länder, die zurzeit eine derart nationale Orientierung suchen und eine starke gesellschaftliche Zerrüttung aufweisen.

Ott: Auch ein Phänomen wie Donald Trump wird dadurch erklärbar?

Vogelsang: Ja, man kann über seine Person vieles sagen, er ist aber vor allem ein Symptom – ein Symptom für die tiefgreifende gesellschaftliche Spaltung und ein allgemeines Klima des Gegeneinanders. Denn im neoliberalen Wirtschaftssystem herrscht die Ideologie der Leistung. Es ist eine Form der Meritokratie: Die, die etwas leisten, gelten etwas. Die anderen nicht. Und: Alle messen sich mit allen. Der amerikanische Philosoph Michael Sandel hat in diesen Tagen sein neues Buch *Vom Ende des Gemeinwohls* veröffentlicht, in dem er dieser Gesellschaft vorwirft, die Orientierung am Gemeinwohl vergessen und gerade dadurch die Wahl von Trump befördert zu haben, der dieses Prinzip des Kampfes Aller gegen Alle verkörpert.

Ott: Aber sind es wirklich immer nur »die anderen«? Müssen sich nicht auch die eher linksliberalen Teile der Gesellschaft an die eigene Nase fassen? Sie legen auf den Individualismus ja auch höchsten Wert und haben doch sicher auch ihren Teil zur jetzigen Situation beigetragen?

Vogelsang: Auf jeden Fall. Das gilt etwa für den Authentizitätsgedanken der 68er-Bewegung. Er verstärkt die Wertschätzung des sich selbst verwirklichenden Individuums. Die Haltung war in den 1960er-Jahren ein emanzipatorischer Fortschritt gegen die verknöcherten und autoritären Strukturen der Nachkriegszeit. Doch ist die Geschichte oft dialektisch: Was damals Emanzipation war, wurde dann im weiteren Verlauf zu einer Verstärkung neoliberaler Grundgedanken, des sich in selbstständiger Produktion verwirklichenden Individuums. Und der epochale Wandel nach 1989, der Niedergang des real existierenden Sozialismus, hat dieser Entwicklung einen kräftigen Schub gegeben. In den 1970er- und 1980er-Jahren war die Zukunft noch offen, es galt sie zu erringen. Es gab eine Debatte um einen dritten Weg jenseits von Kommunismus und Kapitalismus. Aber in den 1990er-Jahren brachen all diese Vorstellungen zusammen. Autoren wie Francis Fukuyama riefen damals das Ende der Geschichte aus. Die Zukunft wurde opak und unzugänglich, die Gegenwart der gesellschaftlichen Systeme dominierte. All diese Faktoren stützen den hegemonialen Diskurs in unserer Gesellschaft.

Ott: Und dann, denke ich, kam und kommt noch die technologische Entwicklung hinzu. Das Internet und die Digitalisierung verbinden zwar einerseits die Menschen. Andererseits befördern sie aber auch die Vereinzelung: Schon die Kinder sitzen allein vor ihren Rechnern, anstatt draußen mit anderen zu spielen und dort die Regeln des sozialen Umgangs zu erlernen.

Vogelsang: Vor allem aber schaffen die digitalen Technologien sogenannte Plattformökonomien, die wenige Hyperreiche und viele schlecht bezahlte Arbeitnehmer hervorbringen. Sie bieten eine technologische Basis für weitere Prozesse der Individualisierung, plakativ als Selfie-Kultur beschrieben.

Ott: Kann oder wird Corona nun an all dem etwas ändern? Macht die Pandemie das »Wir« wieder stärker?

Vogelsang: Es mag tatsächlich sein, dass die Zeit des Neoliberalismus dem Ende entgegengeht. Ein Impresario der globalen Wirtschaft, Klaus Schwab, Direktor des Weltwirtschaftsforums, hat jüngst in der Wochenzeitung *Die Zeit* das Ende des Neoliberalismus ausgerufen. Doch ist das allein in keiner Weise die Lösung der bestehenden Probleme. Es ist doch deutlich erkennbar, dass die Krise die gesellschaftlichen Gräben eher vertieft, dass wiederum die Armen und Marginalisierten am meisten leiden werden. Ob die riesigen Summen, die die Zentralbanken in Umlauf bringen, die Regelsätze der sozialen Transferleistungen erhöhen oder doch nicht eher helfen, die Vermögen der Immobilien- und Aktienbesitzer abzusichern?

Ott: Sie sehen die Ursachen für die Vereinzelung in unserer Gesellschaft also als ein tiefer liegendes Problem, das sich nicht durch ein – wenn auch bedeutsames – Einzelereignis überwinden lassen wird?

Vogelsang: Ja, aber das heißt nicht, dass man die Verhältnisse einfach hinnehmen muss. Jedenfalls will ich folgende Fragen stellen: Stimmen denn die Annahmen des hegemonialen Diskurses der Spätmoderne überhaupt? Was ist, wenn die soziale Verbundenheit für uns Menschen fundamentaler ist als die Fähigkeit zur Individualisierung? Tatsächlich verzerrt der herrschende Zeitgeist die menschlichen Verhältnisse grundlegend. Kronzeuge meiner Überlegungen ist der französische Philosoph Maurice Merleau-Ponty, ein Mitstreiter Sartres nach dem Zweiten Weltkrieg. Er geht von der Erkenntnis aus, dass Menschen leibliche Wesen sind. Was bedeutet das? Leiblichkeit heißt, dass wir aus einer Verbundenheit leben, aus der Verbundenheit mit der Umwelt ebenso wie aus der Verbundenheit mit anderen Menschen. Wer leiblich existiert, ist immer schon verbunden, etwa durch Nahrung, durch Luftaustausch, durch Wärmeaustausch, aber auch durch Sprache und Kultur. Das alles wird in dem Denken, das sich auf das selbstständige und unabhängige Individuum konzentriert, für unbedeutend erklärt.

Ott: Aber es ist nun einmal eine Tatsache, dass uns Menschen die Entwicklung der eigenen Identität, unsere Selbstverwirklichung, ein großes Anliegen ist; dass uns dieser Wunsch antreibt und auch zu Leistungen motiviert.

Vogelsang: Ja, aber ich finde, wir sollten da mal genauer hinsehen: Was macht denn meine Identität aus? Eine innere Größe, die tief in mir verborgen liegt und die sich in meinem Leben entfaltet, wie es der Individualismus nahelegt? Das glaube ich nicht. Eine solche innere Identität kann nirgendwo lokalisiert werden, auch nicht durch die Neurowissenschaften. Vielmehr ist meine Identität bestimmt durch eine unglaubliche Vielzahl von Verbindungen zu anderen Menschen. Besonders deutlich wird das bei der Sprachfähigkeit. Die Sprache habe ich nicht mir selbst gegeben, andere Menschen haben mich in die Welt der Sprache hineingenommen. Nur so habe ich auch gelernt, nein zu sagen, mich abzugrenzen.

Das Soziale geht dem Individuum also voraus. Das hat schon Karl Marx in seiner Einleitung zur *Kritik der politischen Ökonomie* festgestellt: »Der Mensch ist im wörtlichsten Sinn ein *zoon politikon*, nicht nur ein geselliges Tier, sondern ein Tier, das nur in der Gesellschaft sich vereinzeln kann.« Das »Individuum« ist kein Naturzustand, sondern Folge einer voraussetzungsreichen kulturellen Entwicklung. Michael Sandel fragt zu Recht: Ist es die Leistung der erfolgreichen Individuen, die sie zum Ziel bringt, oder sind es nicht auch gerade die Leistungen der Eltern, Lehrer, Freunde? So muss es und wird es über kurz oder lang eine Korrektur der hoch individualisierten Gesellschaft geben.

Ott: Und wie könnte eine solche Korrektur aussehen? Wie können wir in der Gesellschaft wieder für mehr Verbundenheit sorgen? Man kann so etwas ja nicht per Gesetz befehlen.

Vogelsang: Nein, das kann man nicht. Aber ich glaube, wir können uns da auf gewisse Grundlagen des Menschlichen verlassen. Da gibt es einerseits die »existenzielle Verbundenheit«, die wir mit jedem anderen Menschen tatsächlich spontan aktualisieren können. Das berühmteste Beispiel für diese existenzielle Verbundenheit ist die biblische Geschichte des barmherzigen Samariters. Allerdings ist dabei noch nirgendwo von Moral die Rede wie im hegemonialen Diskurs. Die existenzielle Verbundenheit ist möglich, aber nicht stabil: Sie allein führt noch nicht zu gesellschaftlich stabilen Zuständen.

Ott: ... die wir wie herstellen können? Das, was hier früher geholfen hat, löst sich ja eben immer mehr auf: stabile Institutionen der Verbundenheit wie Parteien, Gewerkschaften, Vereine und so weiter, wo man die Verbundenheit nicht immer wieder neu erfinden musste, weil sie eben den gesamten Umgang miteinander prägte.

Vogelsang: Nun, wer konservativ ist, wird versuchen, einfach dorthin zurückzukommen oder überlebte Formen der Verbundenheit künstlich am Leben zu halten. Aber ich glaube nicht, dass wir so zu einer insgesamt solidarischen Zukunft finden. Da halte ich es für wahrscheinlicher, dass wir neue Formen von stabilen hybriden Netzwerken entwickeln, die sowohl digitale als auch lokale Anteile haben. Es wird um die Verschränkung von digitaler Kommunikation und lokalem Engagement gehen. Wahrscheinlich werden die Kommunen in der Politik eine deutlich größere Bedeutung erlangen. Aber auch ökonomische Fragen werden ein Motor der Entwicklung sein. Die gesellschaftlichen Verwerfungen durch die freien Märkte sind unübersehbar. Die Vermögensverteilung ist in

Deutschland besonders prekär. Weit mehr als die Hälfte der Gesellschaft hat selbst in den guten Zeiten nicht viel Vermögen zurücklegen können. Es kommt deshalb darauf an, solidarische Strukturen zu schaffen, die tatsächlich die Lebensbedingungen für große Teile der Bevölkerung verbessern und ihnen helfen, ihre Stimme in der Gesellschaft hörbar zu machen.

Ott: Und spielen etablierte Institutionen dabei keine Rolle mehr?

Vogelsang: O doch! Bestimmt sogar. Die schon bestehenden Strukturen von Ortsvereinen in Parteien oder von Gemeinden in den Kirchen können sogar eine gute Ausgangsbasis bieten. Sie können die Kenntnisse vor Ort mit übergeordneten gesellschaftlichen Fragen verbinden. Es kommt also darauf an, die noch bestehenden Großorganisationen in diese Richtung weiterzuentwickeln!

Ott: Ein großes Stück Arbeit!

Vogelsang: Das wir aber anpacken müssen, wenn wir wollen, dass Verbundenheit und Solidarität im 21. Jahrhundert nicht auf der Strecke bleiben.

Ott: Danke für das Gespräch und die Mitwirkung bei unserer Veranstaltung in der Volksbühne.

STEPHAN GRÜNEWALD: »ECHTE EINHEIT BILDET SICH NUR IM WIDERSTREIT!«

Stephan Grünewald (60) leitet das von ihm mitgegründete Rheingold-Institut für qualitative Marktforschung in Köln und schreibt Bücher über die Seelenlage der Menschen in unserem Land. In Köln ist er mittlerweile unser Stadtpsychologe. Zuletzt erschien von ihm der Bestseller Wie tickt Deutschland? *(2019).*

Jochen Ott: Als Psychologe bist du ja für Virusinfektionen eigentlich nicht zuständig. Trotzdem interessiert mich: Hältst du das Coronavirus seelisch betrachtet eher für ein Bindemittel oder einen Spaltpilz in unserer Gesellschaft?

Stephan Grünewald: Fast müsste man ja erwarten, dass es eher Gemeinsamkeit stiftet. Aber wie sich zeigt, hat das Virus sowohl verbindende als auch spaltende Wirkung. Und seit der Infektion durchlaufen wir diesbezüglich unterschiedliche Phasen des Umgangs mit der Krise.

Ott: Mir scheint eher, dass die Menschen von Anfang an sehr unterschiedlich auf die Bedrohung reagiert haben?

Grünewald: Das stimmt, trotzdem lassen sich durch die Tiefeninterviews, die wir seit Ausbruch der Pandemie in unserem Institut durchführen, sehr deutlich zwei unterschiedliche Stadien unterscheiden. In der ersten Phase nämlich gab es durchaus so etwas wie einen Schulterschluss, die kollektive Bremse. Über Altersgrenzen und soziale Unterschiede hinweg herrschte zunächst einmal eine große Bereitschaft zu solidarischem Handeln. Es war klar: Alle müssen sich einschränken, wenn wir das Virus unter Kontrolle bringen wollen.

Dann aber kam schon ziemlich schnell die Spaltpilzwirkung. Die einen erlebten das Herunterfahren von Alltag und Betriebsamkeit als eine Art paradiesischen Zustand. Für andere hingegen war es eher die Vorhölle. Als dann mit den ersten Lockerungen und Homeoffice-Erfahrungen zugleich die Maskenpflicht eingeführt wurde, verstärkte sich das soziale Befremden. Was wir bis dahin – etwa im Zusammenhang mit Banküberfällen – als ein Symbol der Bedrohung kannten, sollte nun auf einmal ein Zeichen des gegenseitigen Schutzes sein. Gleichzeitig wurden wir schon in der gegenseitigen Begrüßung zur Ellbogengesellschaft und die Spaltung vertiefte sich: Party gegen Panik, Resignation auf der einen Seite, Fantasien über ein hartes staatliches Durchgreifen nach chinesischem Muster auf der anderen.

Ein weiterer Aspekt der Polarisierung ist eine gewisse Verengung des Blicks auf die allernächste Umgebung. Anstatt eine geweitete »Wir-Perspektive« einzunehmen, beschränken sich die Menschen stark auf die eigene Familie, die Nachbarschaft und den Freundeskreis. Es kommt zu Selektionen: Mit wem will ich noch Kontakt pflegen, mit wem lieber nicht? Die Gefahr einer Gesellschaft der Eigenwelten wächst.

Ott: Das klingt nicht gerade optimistisch. Aber hat es diese Tendenzen zur Vereinzelung und zur Abkehr vom »Wir« nicht schon vorher gegeben und werden sie durch das Virus weniger hervorgerufen als vielmehr verstärkt?

Grünewald: Dem würde ich zustimmen. Die Pandemie begünstigt und befördert schon vorhandene »Wir-Probleme«. Dazu dockt das Virus sozusagen an den Sollbruchstellen unserer Gesellschaft an. Und das sind: Familie, Arbeit und Medien.

Ott: Ich ging davon aus, dass gerade das die »Keimzellen« eines gesunden »Wir-Gefühls« sind.

Grünewald: Sind sie ja auch. Aber diese »Zellen« waren und sind ja schon unabhängig von Corona durch Spaltpilze befallen. Die klassische Familie etwa ist als Institution seit langem brüchig. Unsere Untersuchungen zeigen, dass wir stattdessen in einer Patchwork-Welt leben. Sie ist geprägt durch die Angst der Kinder davor, dass ihre Familie auseinanderbricht. Skepsis wird für sie deshalb zu einer Art Grundhaltung und das Urvertrauen in die Familie als Grundform des »Wir« hat schweren Schaden genommen.

Ähnlich ist es in der Arbeitswelt. Das Einzige, worauf dort noch Verlass ist, ist der Wandel. Es wird permanent umstrukturiert, Chefs kommen und gehen, Mitarbeiter werden outgesourct. Soziale Stabilisierung kommt so immer weniger zustande und das Homeoffice ist zwar ein persönlicher Freiheitsgewinn, fördert aber auch die Vereinzelung.

Die Medien schließlich hatten früher eine Art Lagerfeuereffekt. Das Programm auf den drei Fernsehsendern war eine Art geteilter Alltagserfahrung. An ihre Stelle ist das Internet getreten und hat den Gemeinschaftsraum durch einen narzisstisch ausgerichteten Selbstbespiegelungsraum ersetzt. Auch das Kino als kollektive Traumfabrik wurde von individuellen Pay-TV-Angeboten wie Netflix abgelöst, das eher den Charakter einer Tagtraumfabrik hat.

Ott: Wo liegt da der Unterschied?

Grünewald: Im Traum sind wir kreativ und gestalten alternative Lösungsszenarien für seelische Probleme. Im Tagtraum hingegen geht es vor allem um die Visualisierung von Größenfantasien. Das bringt subjektive seelische Entlastung für den Moment, hat aber keine Zukunftsperspektive mit Blick auf das richtige Leben. Es ist eher eine Flucht auf Zeit, nach der die Rückkehr in die Normalität oftmals als besonders bedrückend erlebt wird. Außerdem träumt man im Kino gemeinsam – bei Netflix tagträumt jeder für sich.

Ott: Gibt es denn keinerlei Tendenzen, das verlorene »Wir« wiederzubeleben oder neue Formen, die wir diesen Vereinzelungstendenzen entgegenstellen könnten?

Grünewald: Doch, die gibt es. Allerdings in recht unterschiedlicher Weise und in recht unterschiedlicher Qualität. Den klassischen Gegenpol zur Eigenlogik der Ich-Welten würde eine von weiten Teilen der Gesellschaft geteilte Vision bilden. So etwas ist aber in den meisten modernen westlichen Gesellschaften kaum noch denkbar. Höchstens während der Weltmeisterschaften im Fußball ist davon noch ein Hauch spürbar.

Ott: Aber muss es denn gleich so allumfassend sein? Wie du richtig sagst: Eine gemeinsame Vision der Mehrheit – das findet man wohl eher in nicht-pluralistischen Gesellschaften wie in China oder bei religiös fundierten Regimen wie im Iran. Das sollten wir wahrscheinlich gar nicht wollen. Aber es könnte doch sozusagen »milde« Formen eines solchen »Wir« geben, bei denen die Menschen wenigstens bestimmte Standpunkte teilen.

Grünewald: Ja, denkbar wäre so etwas wie ein gemeinsamer Kompass, mit dessen Hilfe man sich immerhin darüber verständigen kann, wo Norden und wo Süden ist. Aber auch solche »Eckwerte« eines gemeinsamen Spielfeldes lösen sich immer mehr auf. Was wir stattdessen in unseren Untersuchungen sehen, das ist eine entfesselte Orientierungslosigkeit. Sie ist die Folge einer Entideologisierung, die spätestens seit dem Ende der 1980er-Jahre zu beobachten ist. Mit der Auflösung des Ost-West-Gegensatzes haben die Unterschiede ideologischer Auffassungen ganz allgemein an Trennschärfe verloren. Zwar haben wir die alten Schwarz-Weiß-Muster und Freund-Feind-Konstellationen überwunden, aber dahinter hat sich eben auch ein weiter Raum der Orientierungslosigkeit geöffnet.

Ott: ... in dem jetzt Pseudoideologien scheinbar neue Orientierungsangebote machen.

Grünewald: Genau so ist es. Vor allem die Verschwörungstheorien sind psychologisch betrachtet deshalb besonders beliebt, weil sie neue »verschworene Gemeinschaften« stiften. Sie bieten den Menschen Narrative an, in denen das erlebte Chaos der Wirklichkeit nach scheinbar zwingenden Gesetzmäßigkeiten übersichtlich strukturiert wird. Man weiß dann wieder, »was eigentlich los« ist, und fühlt sich weniger ausgeliefert.

Ott: Die Verschwörungsmythen füllen also ein Orientierungsvakuum. Gäbe es da nicht auch Raum für andere, seriöse Angebote?

Grünewald: Ganz sicher gäbe es den. Die politischen Parteien etwa wären hier besonders gefordert. Oder anders ausgedrückt: Sie haben auf diesem Gebiet große Chancen, die sie besser nutzen sollten.

Ott: Inwiefern?

Grünewald: Indem sie überzeugende und eingängige Narrative zum Verständnis der Gegenwart und zur Gestaltung der Zukunft anbieten.

Ott: Aber man hört und liest doch immer wieder, dass die Zeit solcher geschlossenen ideologischen Erzählungen angesichts unserer komplexen und fragmentierten Gegenwart vorbei sei und dass die Menschen eher konkrete, pragmatische Lösungen für ihre Probleme suchen.

Grünewald: Ich glaube nicht, dass das so ist, und unsere Untersuchungen zeigen auch ein anderes Bild: Gerade weil die Komplexität zunimmt und die Orientierung schwieriger wird, sind ganzheitliche Sinn- und Deutungsangebote sehr gefragt. Das sieht man auch in anderen Lebensbereichen wie der Wirtschaft. Dort arbeiten die Unternehmen neuerdings alle an ihrem »purpose«, also an der Frage, welchen Sinn und Zweck ihr wirtschaftliches Handeln eigentlich jenseits des Geldverdienens hat.

Ott: Aber ist es für die Politik nicht viel wichtiger, die Sorgen und Nöte der Menschen genau zu verstehen und darauf klare Antworten zu geben?

Grünewald: Es kommt darauf an, was man darunter versteht. Wenn das heißt: man macht Umfragen und richtet die eigene Programmatik dann nach dem aus, was gerade mehrheitsfähig zu sein scheint, dann verschärft das die Problematik. Sobald alle das tun (und in der Politik tun es ja leider fast alle), dann entsteht eine gewisse Breiigkeit der Mitte, die mit dem Verlust an inhaltlicher Kontur einhergeht. Wer politisch permanent solche Wohlfühlpakete schnürt, der befeuert damit die Attraktivität der Ränder, an denen die Menschen die vermissten Konturen dann schließlich finden.

Ott: Was sollten die politischen Parteien also tun?

Grünewald: Mehr an ihrer Unterscheidbarkeit arbeiten! Und die Unterschiede untereinander stärker betonen. Dazu braucht es Mut zu klaren Positionen. Und vielleicht hilft ja dabei die Erkenntnis, dass man Positionen später auch wieder zur Disposition stellen kann. Doch dafür muss man sie erst einmal formulieren.

Ott: Aber unabhängig von der Deutlichkeit und Klarheit der eigenen Positionen stellt sich mir die Frage: Stehen die Parteien mit ihrer Staatsnähe und damit als Repräsentanten von »Recht und Ordnung« nicht von vornherein auf verlorenem Posten angesichts der übermächtigen Individualisierungstendenzen? Wer hat heute überhaupt noch Interesse an der »res publica«, der öffentlichen Angelegenheit, geschweige denn am mühsamen Geschäft ihrer aktiven Mitgestaltung?

Grünewald: Das würde ich nicht ganz so pessimistisch sehen. Auch »Recht und Ordnung«, ganz allgemein das Angebot eines Regelwerks, kann durchaus ein probates Mittel sein, um wieder mehr Bewusstsein für ein gemeinsames »Wir« zu erzeugen. Auch das zeigt uns ja die Pandemie. Der gemeinsame Triebverzicht, zusammen ein Opfer zu bringen – das schweißt die Leute auch zusammen. Dahinter steht im Kern die Idee der Gerechtigkeit: Wenn man erlebt, dass bestimmtes regelkonformes Verhalten in gleicher Weise von allen verlangt wird – ohne Ansehen der Person oder ihres sozialen Status – festigt dies das Vertrauen in die Gemeinschaft und ihre Problemlösungskompetenz.

Ott: In der öffentlichen Diskussion über Gemeinwohlorientierung ist auch ein anderer Begriff oft zu hören, von dem sich manche viel versprechen: der Begriff der Werte und der gegenseitigen Wertschätzung. Was könnte man sich darunter vorstellen?

Grünewald: Tatsächlich glaube ich auch, dass Wertschätzung einen möglichen Weg zu einem neuen »Wir« beschreibt. Dabei würde es darum gehen, das gegenseitige Verstehen mehr zu trainieren, um auf diesem Wege Spaltungen zu überwinden. Und damit meine ich die Spaltungen innerhalb des eigenen Kulturkreises, also etwa die Spaltung in Dieselfahrer und Dieselgegner, Veganer und Fleischfreunde.

Ott: Wie könnte denn ein solches Verstehen konkret aussehen?

Grünewald: Zunächst einmal kann damit jede*r bei sich selbst anfangen: einfach mal probeweise den sicheren Bezirk der eigenen Überzeugungen verlassen und die Welt durch die Brille eines anderen betrachten. Dabei wird man feststellen, dass man nicht gleich den Boden unter den Füßen verliert. Denn das ist der Hauptgrund für Spaltungen in »wir« und »die da«: das Bedürfnis nach innerer Ordnung und Sicherheit, die Vermeidung von Ohnmachtsgefühlen. Gerade Krisensituationen bieten sich für ein solches Training an: Bevor ich etwa jemanden zum »Covidioten« abstemple, kann ich mich fragen: Was bewegt diesen Menschen? Worauf will er oder sie durch seine Haltung aufmerksam machen? Wir brauchen an solchen Stellen mehr Dialektik und weniger Spaltung.

Ott: Können wir tatsächlich soziale Probleme durch individuelles Wertschätzungstraining lösen?

Grünewald: Nicht nur, nein! Fehlende Wertschätzung drückt sich auch in zahlreichen sozialen und politischen Verhältnissen aus: Mangel an bezahlbarem Wohnraum etwa bedeutet ebenfalls mangelnde Wertschätzung. Oder niedrige Zinsen, Renten, von denen man nicht leben kann, fehlende Pflegeplätze und ähnliche Dinge. Das alles muss man politisch angehen.

Ott: Du empfiehlst der Gesellschaft ein neues oder »erweitertes Inzesttabu«. Was ist damit gemeint?

Grünewald: Was dahintersteckt, verdeutlicht am besten der schöne Witz, in dem der kleine Fritz zu seinem Vater sagt: »Papa, du hattest es gut. Du konntest Mutti heiraten. Ich muss mir eine wildfremde Frau suchen.« Das soll heißen: Unser seelisches Miteinander kennt Mechanismen, die uns dazu zwingen, lieb gewonnene Komforträume zu verlassen und uns auf Unbekanntes einzulassen.

Einer der wichtigsten ist das Inzesttabu. Seiner Logik folgen in unserer Kultur verschiedene traditionelle Loslösungsgebote wie zum Beispiel früher die Lehr- und Wanderjahre. An ihre Stelle sind später auch Dinge getreten wie der Wehr- oder Ersatzdienst, bei dem wir zwangsläufig anderen und anderem begegnet sind. Das hat uns mit einer gewissen Wahrscheinlichkeit zu Toleranz und Liberalität erzogen. Wo nun auch diese Institutionen weggefallen sind, müssen wir sozusagen neue Inzesttabus errichten, die uns in die Auseinandersetzung mit Fremden hineinbewegen.

Ott: Aber wenn wir das nicht mehr in traditionellen Formen lernen, besteht dann nicht die Gefahr, dass wir uns in Streit und in Konflikten verlieren?

Grünewald: Ja, das Risiko besteht. Aber ich glaube, dass dieses Risiko beherrschbar ist. Gerade den Streit gilt es neu zu entdecken. Das mag paradox klingen, wenn wir doch auf der Suche nach einem neuen »Wir« sind. Aber unsere Seele geht oft solche paradoxen Wege. Eine beherzte Streitkultur zu entwickeln, scheint mir die Voraussetzung zu sein für jegliche Form von Kompromissen. Dafür müssen erst einmal die Unterschiede in den Positionen Kontur gewinnen. Echte Einheit bildet sich nur im Widerstreit.

Ott: Lieber Stephan Grünewald, herzlichen Dank für deine Bereitschaft, in der Volksbühne mitzuwirken, und für dieses Gespräch.

Im Gespräch mit …

KATHRIN HARTMANN: »ES IST ALLES EINE FRAGE DER GERECHTIGKEIT«

Kathrin Hartmann (49) ist Journalistin. Sie lebt und arbeitet in München. Zuletzt erschien von ihr das Buch Grüner wird's nicht. Warum wir mit der ökologischen Krise völlig falsch umgehen *(2020).*

Jochen Ott: Was bewegt Sie persönlich am meisten, wenn Sie in diesen Corona-Zeiten an das »Wir« denken?

Kathrin Hartmann: Ganz persönlich merke ich einmal mehr, wie wichtig es ist, in der politischen Auseinandersetzung und im Einsatz für die eigenen Ziele nicht allein zu stehen. Mir fehlt sehr der direkte Austausch mit politischen Freunden, aber auch die Auseinandersetzung mit Andersdenkenden.

Ott: Und im »Großen und Ganzen«? Sie beschäftigen sich in Ihrem neuen Buch sehr intensiv mit dem Klimawandel. Zeigt uns Corona hier, wie wir besser leben können, indem wir mit weniger auskommen?

Hartmann: Nun, natürlich verringert sich der CO_2-Ausstoß, wenn für ein paar Wochen mal weniger geflogen wird und die ein oder andere Fabrik auf Kurzarbeit umstellt. Aber man muss auch ganz klar sagen: Eine Pandemie ist noch keine ökosoziale Transformation.

Ott: Das vielleicht nicht gerade, aber wir sehen immerhin, dass auf einmal doch das Gemeinwohl im Vordergrund stehen kann. Der Staat kann Prioritäten setzen und dabei auch Bestimmungen oder Gesetze erlassen, bei denen Partikularinteressen hintangestellt werden müssen.

Hartmann: Das ist formal betrachtet zwar richtig. Aber schauen wir doch mal, was da inhaltlich so beschlossen wird: Es wird mit den Beschlüssen genau die Status-quo-Wirtschaft gestützt, die uns die zahlreichen sozialen und ökologischen Probleme eingebrockt hat. Gerettet werden Luftfahrtunternehmen und Touristikkonzerne, während prekär beschäftigte Solo-Selbstständige oder Künstler*innen das Nachsehen haben.

Ott: Soll heißen: Die Pandemie verstärkt die soziale Spaltung?

Hartmann: Nein, nicht die Pandemie, aber unser Umgang damit verstärkt die Spaltung und setzt zugleich den ökologischen Raubbau fort. Wie immer gilt auch bei den Pandemiefolgen: Das Ökologische und das Soziale sind nicht zu trennen.

Ott: Aber darin liegt doch gerade eines der größten Probleme in der Diskussion um das »Wir«: Da ist auf der einen Seite das ökologische »Wir«, also die Klimafrage, bei der wir alle in einem Boot sitzen und unser aller Zukunft auf dem Spiel steht. Und da ist auf der anderen Seite das soziale »Wir«, bei dem es ganz unterschiedliche Interessen gibt und das mit dem ökologischen »Wir« dauernd im Clinch liegt – ob im Hambacher Forst oder bei Billigfliegern. Da soll dann die Rentnerin auf ihren Jahresurlaub verzichten, weil das Fliegen umweltschädlich ist, und der Hartz-IV-Empfänger darf sein Obst nicht mehr beim Discounter kaufen, weil das aus industrieller Landwirtschaft stammt.

Hartmann: Eben! Und genau diese Trennung von ökologischer und sozialer Frage müssen wir überwinden. Im besten Fall verbirgt sich dahinter ein Denkfehler, nämlich die Verantwortungen auf Individuen abzuschieben. Ich glaube aber eher, dass dieses Gegensatzdenken politisch gewollt ist.

Ott: Wer sollte ein Interesse daran haben?

Hartmann: Das ist genau die richtige Frage: Wem nutzt es eigentlich, wenn wir die Klima- und Umweltdebatte zu einem Streit um individuelle Moral machen? Wenn wir die Gesellschaft spalten: in die guten, ökologisch-korrekten Biomarktkunden und die bösen Armen, die im Discounter kaufen? Wem nützt es, wenn wir so tun, als könnten wir die Welt retten, wenn nur jeder Einzelne ein bisschen vernünftiger wird? Die Antwort ist klar: Es nutzt denjenigen, die vom Erhalt des Status quo wirtschaftlich am meisten profitieren. Je mehr Greenwashing betrieben wird, umso mehr lässt sich verdecken, dass wir prinzipiell etwas ändern müssen an der Art, wie wir leben und wirtschaften. Das heißt vor allem: dass wir das kapitalistische Wachstumskonzept überwinden müssen. Solange uns das nicht gelingt, werden wir die Klimafrage nicht lösen.

Ott: Aber wenn es nicht mehr das Wachstum ist, was unsere Wirtschaft am Laufen hält, was soll es dann sein? Und was machen wir mit all den Arbeitsplätzen, die nun einmal an der Wachstumsökonomie hängen? Da ist er doch wieder, der Widerspruch zwischen ökologischen und sozialen Interessen.

Hartmann: Das Arbeitsplatzargument ist Augenwischerei. Es ist ein und dasselbe System, das uns sowohl ins ökologische als auch ins soziale Elend führt. Das eine reichste Prozent der Weltbevölkerung trägt doppelt so viel zur Erderwärmung bei wie der gesamte Rest der Menschheit. Das heißt: Die Ungleichheit in den Besitzverhältnissen spiegelt sich auch in der Ungleichheit bei der Verantwortlichkeit für Umweltprobleme wider – und umgekehrt. Wenn man das weiß, weiß man auch, wo man ansetzen muss.

Arbeitsplätze sind bisher nicht durch die Ökologie vernichtet worden, sondern durch den Gewinnmaximierungskurs der entscheidenden Spieler im kapitalistischen System. Allein die Privatisierung der Bahn hat weit über 300 000 Arbeitsplätze vernichtet. Da hat sich niemand beschwert.

Wir müssen endlich verstehen, dass unser Wohlstand auf einer doppelten Ausbeutung beruht: der Ausbeutung der Natur und zugleich der Ausbeutung der Menschen. Das sieht man auf nationaler Ebene, erst recht aber im internationalen Maßstab. Hier bei uns zeigt die Pandemie einmal mehr, wen die etablierte Politik stützt und wen sie zurücklässt: Die Angehörigen der Sozialberufe arbeiten für ein Existenzminimum und in der Fleischindustrie herrschen erbärmliche Arbeitsbedingungen für importierte Billigarbeitskräfte. Im Globalen Süden ist es noch viel schlimmer. Die Zahl der Hungernden ist gerade das fünfte Jahr in Folge wieder gestiegen, und während das Fernsehen hier nach dem ersten Lockdown den ersten Ferienflieger feiert, der wieder nach Mallorca startet, müssen in Entwicklungsländern die Krankenhäuser schließen.

Ott: Aber wir können doch nicht hier in Deutschland die Existenzprobleme der ganzen Welt lösen.

Hartmann: Wir könnten aber einen viel deutlicheren Beitrag leisten, wenn wir die richtigen Diskussionen führen und an den richtigen Stellschrauben drehen würden. Die EU und Deutschland gehören beispielsweise zu den weltweit größten Importeuren von Soja und Palmöl. Damit tragen wir direkt zur Zerstörung der Lebensräume von Wildtieren bei. Und genau diese Naturzerstörung ist eine der Ursachen von Pandemien wie jetzt von Corona. Zwei Drittel aller gefährlichen Viren stammen von Tieren, deren Lebensräume bedroht sind. Und auch hier lohnt sich die Frage: Wem nutzt es? Die Antwortet lautet: Es nutzt Großgrundbesitzern, Konzernen und Spekulanten, die auf diese Weise ihren Reichtum mehren.

Ott: Also, das klingt ja schon so, als forderten Sie die sozialistische Weltrevolution …

Hartmann (lacht): Ich will deutlich machen: Wer die ökologischen und die sozialen Probleme wirklich ernst nimmt, darf nicht bei individualistischen oder pragmatischen Forderungen stehen bleiben, sondern muss auch die Macht- und Verteilungsfragen stellen. Weltweit leiden die Menschen unter dem Klimawandel schon jetzt umso mehr, je ärmer sie sind. Hier ist es nötig, eine Gegenmacht gegen die herrschenden Interessen zu mobilisieren.

Ott: Und wie kann oder soll eine solche Gegenmacht Ihrer Meinung nach aussehen?

Hartmann: Also, ich sehe da zum Beispiel in der Fridays for Future-Bewegung gute Ansatzpunkte. Dadurch wurde ein Ort geschaffen, an dem Menschen zusammenkommen, ihre Ängste teilen, aber auch Ideen und Forderungen entwickeln. Nehmen Sie allein den Begriff »Klimagerechtigkeit«, der erst in jüngster Zeit populär geworden ist. Er verweist auf den Weg, den wir gehen müssen. Nämlich den einer sozialen und ökologischen Transformation, in deren Mittelpunkt die Idee der globalen Gerechtigkeit steht. Das verbindet die großen Themen unserer Zeit: Migration, nachhaltige Landwirtschaft, Alternativen zum Wachstumskapitalismus und eben auch die weltweite Gesundheitsvorsorge.

Ott: Und diese Themen sehen Sie nicht in den Parlamenten und Parteien, sondern auf der Straße am besten aufgehoben?

Hartmann: Naja, zumindest zeigt sich dort die unglaubliche Kraft, die Druck auf die Politik ausüben kann. Sie hat viele angesteckt, die sonst nicht auf die Straße gegangen wären. Selbst Kinder haben ihre Eltern und andere Erwachsene mobilisiert. Von dieser Kraft sollten wir uns alle anstecken lassen. Fridays for Future kann sich zu einer großen sozialen Bewegung mit weltumspannender Wirkung entwickeln – inklusive einer neuen Solidarität mit den Ländern des Globalen Südens.

Ott: Was schlagen Sie politisch konkret vor, um sowohl bei den sozialen als auch bei den ökologischen Problemen zu nachhaltigen Lösungen zu kommen?

Hartmann: Es gibt viele praktische Ansätze. Zu den wichtigsten zählt der ökologische Umbau der Landwirtschaft. Da müssen die Subventionen weltweit umgelenkt werden in Richtung Nachhaltigkeit und weg von der Ausbeutung unserer Ressourcen. Ein anderer Ansatzpunkt ist die Verkehrswende. Wie schnell man da vorankommen kann, zeigen im Moment Städte wie Kopenhagen, Mailand, Brüssel oder Paris, die ganze Bereiche für Autos sperren und fahrradfreundlich umgestalten. Nur hier in Deutschland schützt man lieber die Autoindustrie. Außerdem brauchen wir eine Demokratisierung der Wirtschaft, damit die Beschäftigten wirklich Einfluss nehmen können. Und auch die Rekommunalisierung der Daseinsvorsorge ist ein wichtiges Thema. Denn was alle existenziell betrifft, gehört nicht in die Hände privater Akteure und profitgesteuerter Märkte.

Ott: Frau Hartmann, herzlichen Dank für das Gespräch und Ihren Beitrag zu unserer Veranstaltung!

PODIUMSGESPRÄCH

*Zum Abschluss von »Unter'm Strich zähl' ich« diskutierten weitere Expert*innen auf dem Podium. Mit dabei: Dr. Nicole Grünewald, Präsidentin der IHK Köln, der österreichische Autor Robert Misik, der Sozialwissenschaftler Prof. Dr. Karim Fereidooni sowie die Referentin des Vormittags, Kathrin Hartmann. Die Moderation übernahm Jürgen Wiebicke vom WDR-Hörfunk.*

Robert Misiks Buch Die falschen Freunde der einfachen Leute *(2019), das sich hart und klar mit der Identitätspolitik auseinandersetzt und die proletarische Sicht der Dinge in den Mittelpunkt stellt, hat mich sehr beeindruckt. Als Linker in Österreich angegriffen, hat er eine Sicht auf die Welt, die ich gern in den Diskurs einbringen wollte.*

Dr. Nicole Grünewald hat mit langem Atem in der IHK Köln einen Wechsel organisiert und richtet die Institution nun politischer und mitgliederorientierter aus. Wir kennen uns aus dem Heugel-Team, dem jungen Team der Kölner SPD, aus dem Oberbürgermeisterwahlkampf 1999. Damals warben wir gemeinsam für eine sozialdemokratische Zukunft der Stadt, sie war damals neben ihrem Studium in der betreuenden Werbeagentur tätig. Heute führt sie als eine der wenigen Frauen deutschlandweit die Kölner IHK als Präsidentin im Ehrenamt und leitet hauptberuflich ihre eigene Kommunikationsagentur.

*In einer Diskussion zum »Wir« darf die Einbindung fachlicher Blickwinkel auf unsere Migrationsgesellschaft nicht fehlen. Daher habe ich auf Empfehlung meiner Mitarbeiterin Juniorprofessor Dr. Karim Fereidooni eingeladen, der an der Ruhr-Universität Bochum zur Didaktik der sozialwissenschaftlichen Bildung lehrt und forscht und Experte im Bereich Rassismus ist. Seit 2020 berät er die Bundesregierung im Kabinettsausschuss zur Bekämpfung von Rechtsextremismus und Rassismus sowie im Unabhängigen Expert*innenkreis Muslimfeindlichkeit des Bundesministeriums des Innern, für Bau und Heimat.*

Jürgen Wiebicke saß auf einmal in meinem Kneipen-Talk und diskutierte mit. Danach kamen wir immer wieder ins Gespräch. Mit seinen klugen Hinweisen – Parteien müssten schon den Menschen zuhören, auch und besonders denen, die unangenehme Sachen sagen – legt er immer wieder den Finger in die Wunde.

Wiebicke: Corona ist natürlich nicht die Pest. Aber vielleicht hilft uns trotzdem ein kleiner Rückblick ins 14. Jahrhundert. Damals starb ja jeder dritte Mensch in Europa. Dem Dichter Francesco Petrarca etwa starb die Geliebte. Aber danach war er einer der Protagonisten für das komplett neue Denken der Renaissance. Also: Da können wir uns doch auf etwas freuen!

Allerdings haben ja die Beiträge heute Vormittag gezeigt: Es gibt viele Fragen an diese neue Zeit, denen wir vielleicht nach Corona entgegengehen. Besonders drei Themenbereiche scheinen mir dabei wichtig:

Erstens: die Frage nach der Zukunft von Kapitalismus und Neoliberalismus: Wie intakt sind die Strukturen noch, die uns in den letzten vierzig Jahren begleitet haben?

Zweiter Punkt: Was meinen wir eigentlich, wenn wir von einer guten Zukunft sprechen? Besonders auf der linken Seite des politischen Spektrums ist die klassische Fortschrittsidee ja doch so ziemlich verdampft.

Und drittens schließlich: Was meinen wir mit einem »neuen Wir« – und wen?

Frau Grünewald, Sie vertreten hier Industrie und Handel. Was meinen Sie: Wie stabil ist das individualistische und kapitalistische Leitbild?

Grünewald: Ich glaube nicht, dass wir in Deutschland wirklich ein »kapitalistisches« Leitbild haben. Wir leben in einer Sozialen Marktwirtschaft. Und das heißt: in einem System, in dem wir versuchen, individuelles Gewinnstreben und Gemeinwohl zueinander zu bringen. Gerade in der Corona-Zeit haben wir die Vorzüge wieder erlebt, wenn man etwa an die Kurzarbeit denkt. Ich bin deshalb ein großer Fan dieses Systems und halte es ehrlich gesagt für das beste, das es derzeit gibt. Auf jeden Fall hat es uns schon über zahlreiche Krisen hinweggeholfen. Gleichzeitig können wir dieses Konzept natürlich immer weiter verbessern und entwickeln – zum Beispiel in Richtung Klima- und Umweltschutz.

Wiebicke: Finden Sie also, dass wir – mit ein bisschen Nacharbeit – alles in allem schon ganz gut aufgestellt sind? Und finden Sie, dass die kritischen Analysen, die wir gehört haben, daneben liegen?

Grünewald: Ich glaube, das ist immer eine Frage der Perspektive. Natürlich gibt es die beschriebenen Probleme, insbesondere die ökologischen. Aber Tatsache ist eben auch, dass die Unternehmen das mittlerweile gut auf dem Radar haben. Man muss ihnen Umweltbewusstsein also nicht vorschreiben. Auch dass wir in der Vergangenheit beim Thema Nachhaltigkeit nicht genug getan haben, ist mittlerweile common sense und deshalb ändert sich das auch gerade. Wichtig ist, dass Politik und Wirtschaft die Zukunft hier gemeinsam gestalten.

Misik: Am 30. Jahrestag der deutschen Einheit muss man allerdings auch daran erinnern, dass damals die alte BRD untergegangen ist – und mit ihr auch die Soziale Marktwirtschaft. Zumindest wenn das bedeuten soll, dass in einem solchen System letztlich alle ein Gefühl der Teilhabe empfinden. Das ist – insbesondere in den »arbeitenden Klassen« – vielfach verloren gegangen. Stattdessen herrscht die Angst vor Abstieg und damit das Risiko von politischen Pathologien, wie wir sie im Extrem in den USA oder auch in Großbritannien erleben. Dahinter steckt das Problem, dass das Aufstiegsversprechen nicht mehr funktioniert. Der ökonomische Stress hat zugenommen – und insofern ist eben das neoliberale Modell nicht mehr intakt. Aber – und das ist die positive Nachricht: Die Fehler der Jahre 2008 und 2009 werden sich nicht wiederholen. Die Regierungen der Staaten müssen und werden jetzt nach der Krise eine viel aktivere Rolle spielen, weil die privaten Investitionen zurückgehen werden.

Wiebicke: Die Frage scheint also: Brauchen wir nur ein Update der Sozialen Marktwirtschaft oder geht hier gerade eine Ära zu Ende, nach der etwas ganz Neues beginnen muss? Herr Fereidooni, was denken Sie?

Fereidooni: Als Rassismusforscher möchte ich anmerken, dass rechte Tendenzen nicht allein mit ökonomischen Motiven erklärt werden können. Die Eliten machen sich einen schlanken Fuß, wenn sie den Unterprivilegierten die Verantwortung zuschieben. Wichtiger ist die Frage: Welche Funktion hat der Rassismus? Und die Antwort ist: Es geht darum, bestimmte Bereiche der Gesellschaft zu »unterschichten«. Das kennen wir schon aus der Arbeitsmigration der 1960er-Jahre. Die Ankunft der Arbeitsmigrant*innen bedeutete für die bisherige Unterschicht einen sozialen Aufstieg. Dabei hilft es dann, wenn bestimmte Attribute anderen zugeschoben werden. Man selbst ist aufgestiegen, weil man eben »fleißig« ist, während die anderen unten sind, weil sie eben »zu faul« sind.

Wiebicke: Das sind ja nicht gerade gute Bedingungen für das, worüber Dr. Frank Vogelsang heute Vormittag gesprochen hat: für Solidarität, oder?

Fereidooni: Nein. Und sie sind es umso weniger, wenn wir Solidarität nicht nur verstehen wollen als den Zusammenhalt unter Gleichen, sondern wenn wir fragen: Brauchen wir nicht vielmehr eine Solidarität unter einander verschiedenen Menschen? Und geht das mit dem Kapitalismus irgendwie zusammen? Beispiele wären: neue Sharingmodelle, Crowdfunding und auch die viel gescholtenen sozialen Medien scheinen mir durchaus Ansatzpunkte für ein neues »Wir« zu liefern. Instagram zum Beispiel ist für manche Menschen ein Vehikel des Empowerments. Es greift dort, wo andere diesen Raum nicht schaffen – die Schule zum Beispiel.

Wiebicke: Was könnte die Idee einer Solidarität unter Ungleichen eigentlich genau bedeuten und wie kann das gehen?

Fereidooni: In dem Film *Pride*, der auf wahren Begebenheiten beruht, wird dargestellt, wie eine Gruppe schwuler und lesbischer Menschen 1984 beschließt, bei der Gay-Pride-Demo in London Geld für die streikenden Bergleute in Wales zu sammeln. Das hat beide Seiten zuerst befremdet, aber in dem Film wurde klar, dass solche Solidarität unter einander verschiedenen Menschen die gesellschaftlichen Verhältnisse nachhaltig verbessern kann. Auf diese Weise entsteht eine neue Wirklichkeit, in der unterschiedliche Menschen besser miteinander leben. Ein anderes Beispiel ist die Bewegung »Black Lives Matter«: Hier laufen viele *Weiße* zusammen mit den People of Color und zwar nicht in paternalistischer Weise, sondern weil auch sie in einer menschenwürdigen Gesellschaft leben wollen und den Kampf gegen Rassismus aus eigenem Antrieb führen.

Wiebicke: Frau Hartmann, in einer solchen Vision müsste man den Kapitalismus nicht abschaffen, oder?

Hartmann: Das glaube ich nicht. Schauen Sie zum Beispiel mal auf die Solo-Selbstständigen und wie es denen jetzt in der Krise ergeht. Das sind Leute, denen man vor ein paar Jahren gesagt hat: »Macht doch eine Ich-AG auf.« Jetzt stehen die schutzlos da. Das ist nur ein Beispiel von vielen für ein Maß an Ungleichheit, das wir mittlerweile erreicht haben, bei dem die Spaltung der Gesellschaft quasi unausweichlich wird. Hartz-IV-Empfänger gehen nicht mehr in Restaurants und nicht mehr ins Theater. Ganze Teile der Gesellschaft begegnen sich überhaupt nicht mehr. Gleichzeitig sehen wir, dass gerade durch solche Zuspitzungen neue Formen der Solidarität entstehen. In Griechenland zum Beispiel, wo infolge der auferlegten Austeritätspolitik auch das Gesundheitssystem völlig ruiniert wurde, erklären sich plötzlich Ärzte bereit, Behandlungen umsonst durchzuführen. Nachbarschaften beleben kommunale Praxen neu, Apotheker verteilen Medikamente in Selbstverwaltung. Dabei stammen die Strukturen für solche Aktionen nicht selten aus der Sozialarbeit für Flüchtlinge. Das zeigt: Es gibt diese Solidarität unter Ungleichen. Solche Erfahrungen sind eine wichtige Basis, um neue Formen des Zusammenlebens zu entwickeln, die über den Kapitalismus hinausweisen.

Wiebicke: Welche Rolle kann denn bei all dem die Wirtschaft spielen, Frau Grünewald? Evonik zum Beispiel sponsert eine Fußballakademie, bei der es nicht nur um Sport geht, sondern eben auch um das Einüben von Teamplay und Fairplay, um Regeln und Zusammenleben. Welche Beiträge für mehr Gemeinsinn können Sie sich persönlich sonst noch vorstellen?

Grünewald: Sehr viele Unternehmerinnen und Unternehmer engagieren sich sozial – in vielfältigster Weise. Aber durch ein Geschehen wie Corona gerät ein solches Engagement natürlich unter Druck. Ob Gastronomen oder andere – eigentlich haben die meisten Unternehmer*innen mitten in der Pandemie andere Probleme. Da überlegen Leute ganz konkret, ob sie für den Betrieb ihr Eigenheim verpfänden. Das heißt, wir müssen erst einmal diese Krise überwinden. Danach könnte es sogar eine Renaissance des Gemeinsinns geben, weil wir ja derzeit alle erleben, dass es sich allein schlechter lebt und jeder Einzelne weniger erreichen kann als viele Menschen zusammen. Gerade am Arbeitsplatz wird Gemeinschaftsgefühl erlebt.

Misik: Ja, und das liegt daran, dass Solidarität eben doch vor allem unter Ähnlichen herrscht. Und das ist überhaupt kein neues Problem. Schon Karl Marx schrieb, dass es jetzt zwei feindliche Arbeiterklassen gebe: die englische und die irische. Aber auch die haben dann ja doch eine gemeinsame Solidarität entwickelt. Nur: Es braucht eben seine Zeit. Neu aber ist, dass sich zwei Dinge treffen: die zunehmende Diversität unserer Gesellschaften in Bezug auf Nationalitäten einerseits und im Blick auf Lebensstile andererseits. Damit müssen wir umgehen und daraus ein neues »Wir« schaffen, das zwar nicht mehr die Vorstellung der alten Homogenität spiegelt, aber dennoch eine hinreichend große Identifikation stiftet.

Wiebicke: Klingt gut, aber wie genau soll das klappen?

Misik: Das klappt schon jeden Tag. Wir haben ja eben Beispiele gehört. Wenn Jaqueline und Mustafa den ganzen Tag in der Schule miteinander verbringen, dann werden dort über gleiche Erfahrungen irgendwann auch Solidaritäten entstehen. Es gibt nicht »die« Spaltung der Gesellschaft. Man muss genau hinschauen, wie die alltäglichen Prozesse laufen.

Wiebicke: Ich bin mir nicht sicher, ob Sie recht haben. Die Gesellschaft verwendet doch gerade sehr viel Energie darauf, Trennungen neu zu definieren oder gar zu erfinden. Denken Sie nur an die Feinheiten der LGBTQIA-Gemeinden. Immer weiter ausdifferenzierte Identitäten stehen einem neuen »Wir« doch zunehmend im Weg, oder?

Fereidooni: Es geht zum einen darum, unterschiedliche Lebensmodelle und -entwürfe sowie Alltagsrealitäten wahrzunehmen und wertzuschätzen. Und es geht zum anderen auch darum, ein Verständnis dafür zu entwickeln, dass ich selbst möglicherweise von Sexismus oder Rassismus profitiere – etwa wenn wichtige Aufträge oder Jobs informell unter *weißen* Männern vergeben werden. Wenn wir uns dann trotzdem für die Interessen etwa von Frauen einsetzen, dann bedeutet das, dass wir das Ideal unseres Grundgesetzes befördern. Auf diese Weise hilft die Anerkennung von unterschiedlichen Lebensrealitäten dabei, gleiche Chancen für alle zu schaffen, das heißt, sie bewirkt das Gegenteil von Spaltung.

Hartmann: Ja, aber ich will auch weiterhin fragen: Wer treibt denn eigentlich die Spaltung der Gesellschaft voran und warum? Man erinnere sich mal an die Einführung von Hartz IV. Damals wurden Sozialhilfeempfänger mehr oder weniger offen als »Parasiten« denunziert – sogar aus Reihen der SPD. Und wenn Sie heute zu einem AfD-Parteitag gehen, dann werden sie dort nicht sehr viele materiell Abgehängte aus dem Prekariat treffen, sondern auffällig viele gut verdienende weiße Männer, die eben ein Interesse daran haben, gesellschaftliche Spaltung weiter voranzutreiben. Oder Greta Thunberg: Die wird am heftigsten von denen bekämpft, die am meisten Angst haben müssen, durch konsequente Klimapolitik Privilegien zu verlieren.

Wiebicke: Ich möchte für die Schlussrunde nochmals zum »Wir« zurückkehren und zur Idee einer guten Zukunft. Bitte je ein kurzes Statement: Wie können wir an dieser Stelle konstruktiv und konkret weiterdenken?

Hartmann: Corona hat uns auch in einem Sinn sehr konkrete Räume geöffnet. Aus Parkplätzen werden Außenterrassen für Cafés. Es gibt plötzlich Pop-up-Fahrradwege. Das sind Zeichen dafür, dass sich etwas bewegt und dass wir uns öffnen sollten, um Dinge auszuprobieren. Und um genau zu beobachten: Wer hilft uns bei diesen Dingen und wer steht uns im Weg? Da können wir im Augenblick viel lernen.

Fereidooni: Man sollte nicht auf den großen Wurf warten, sondern im beruflichen und privaten Nahraum konkret etwas gegen Rassismus und Ausgrenzung aller Art tun. Lehrer*innen zum Beispiel können hier viel bewegen, indem sie ihren Schüler*innen ein Bild vom neuen »Wir« vermitteln oder sie bei der Entwicklung eines solchen Bildes unterstützen. Dabei geht es letztlich immer darum, Artikel 1 unseres Grundgesetzes in die Realität zu übertragen.

Grünewald: In der Krise haben wir zum ersten Mal erlebt, dass Wirtschaft und Politik gemeinsam in unglaublichem Tempo Maßnahmen entwickelt und beschlossen haben, die uns allen helfen. Hier haben wir wirklich partnerschaftlich gehandelt. Ein anderes Beispiel ist der Zusammenhalt zwischen Wirtschaft und Bevölkerung. Es haben sich zum Beispiel Initiativen gebildet, die ihre Gastronom*innen im Veedel aktiv unterstützt haben, indem sie sich regelmäßig Essen nach Hause bestellt haben. Da hat man gesehen: So individualistisch verzettelt sind wir gar nicht. Und ich bin optimistisch, dass wir davon einiges in die Zeit nach der Krise retten werden.

Misik: Ich finde das Wichtigste, dass die Menschen in ihrem Leben wieder mehr Sicherheit finden. Wankende Grundlagen in Form steigender Mieten et cetera führen zu Unbehagen und politisch gefährlichen Konstellationen. Das müssen und können wir in den nächsten Jahren ändern – wenn wir nur wollen.

Wiebicke: Ich danke Ihnen allen für die Diskussion.

Kapitel 3: Was mich in der Pandemie bewegt hat

Im Gespräch mit ...

ERIK FLÜGGE: »RAUS AUS DEM SOZIALISTISCHEN SALON«

Erik Flügge ist Politologe, Unternehmer und Wahlkampfmanager, unter anderem meines Oberbürgermeisterwahlkampfs. Sein Buch über den Egoismus hat mich bestärkt, dieses Buch zu schreiben.

Jochen Ott: Erik, du hast ein Buch über den Egoismus geschrieben, also über das Gegenteil von Gemeinwohl, über »ich« statt »wir« – und das natürlich in kritischer Absicht. Ist eine solche Kritik nicht von vornherein aussichtslos? Der Egoismus ist nun einmal fester Bestandteil des Menschlichen. Oder siehst du das anders?

Erik Flügge: Ja, der Egoismus ist sicher eine ureigene menschliche Eigenschaft. Trotzdem nervt er. Er führt zu Frust und Wut und Streit. Vor ein paar Tagen habe ich zum Bespiel Folgendes beobachtet: Ein Radfahrer überholte jemanden mit einem Hund. Der Hund machte einen unbedarften Schritt zur Seite, der Radfahrer musste dafür etwas ausweichen und schubste aus Ärger den Mann mit dem Hund weg. Der hat natürlich zurückgeschubst und plötzlich standen sich diese beiden Typen auf der Straße gegenüber und brüllten sich gegenseitig an. Warum? Weil sie beide fanden, dass dieser Weg ihnen gehört. Weil sie beide fanden, dass sie das höhere Recht haben, auf diesem Weg zu sein.

Ott: Und glaubst du, dass es einen Weg gibt, solche Konflikte aus unserem Leben zu verbannen? Das wird es doch immer geben.

Flügge: Mag sein, aber spannend ist doch, dass die beiden in meinem Beispiel gar nicht bemerken, dass sie auch etwas gemeinsam haben. Sie sind nämlich beide Opfer einer Verkehrsplanung, die – im Verhältnis zum Auto – nicht genug Platz für Fußgänger und Radfahrer schafft. Das wäre ja immerhin ein Ansatz für Solidarität zwischen den beiden – für ein neues »Wir«.

Ott: Ist die Szene zwischen dem Fußgänger und dem Radfahrer deiner Meinung nach typisch für ganz Deutschland, für den Zustand unserer Gesellschaft?

Flügge: Dass ganz Deutschland ein Thema mit dem Egoismus hat, das, finde ich, ist schon lange zu spüren. Aber auch Umfragen belegen das. Die Friedrich-Ebert-Stiftung hat zum Beispiel gefragt: »Stimmen Sie dieser Aussage zu: Der Egoismus zählt in unserer Gesellschaft mehr als der Zusammenhalt?« Ergebnis: 90,7 Prozent stimmen dem zu! Wenn man bedenkt, dass die meisten Fragen dieser Art so 60 zu 40, oder 55 zu 45 ausgehen, dann ist das schon ein sehr hoher Wert mit großer Signifikanz.

Ott: Das ist sicher richtig, aber wir haben doch auch alle gelernt, dass Umfragen mit Vorsicht zu genießen sind. Man bekommt auch oft die Antworten, die man hören will – vorausgesetzt die Frage ist in der »richtigen« Weise gestellt. In diesem Fall: Egoismus ist so eindeutig schlecht in unseren Ohren und Zusammenhalt so eindeutig gut, dass natürlich die allermeisten mit ihrer Antwort auf der richtigen Seite stehen wollen.

Flügge: Genau so ist es. Und weil es so ist, muss man schauen, ob jemand sie anders gestellt hat. Das Meinungsforschungsinstitut Allensbach stellte die Frage anders – ohne den Zusammenhalt zu erwähnen. Die haben gefragt: »Stimmen Sie folgender Aussage zu: Der Egoismus nimmt in Deutschland immer mehr zu?« Und auch da haben Drei Viertel aller Leute gesagt: »Ja, das ist mein Eindruck, der Egoismus nimmt immer mehr zu.« Also, es ist ein Vorgang, der in unserer Gesellschaft zum einen negativ und zum anderen als ständig wachsend wahrgenommen wird.

Ott: Gibt es auch Erkenntnisse dazu, wie sich dieses Phänomen unter dem Eindruck der Corona-Krise entwickelt hat?

Flügge: Zumindest kann ich ein Beispiel aus meiner eigenen Beobachtung nennen. Am Anfang der Corona-Krise stand im Mittelpunkt der offiziellen Kommunikationskampagne der Slogan »Zusammen gegen Corona«. Das stand bundesweit auf allen Plakaten. Heute heißt der Text: »Schütze dich, schütze andere«. Also: Das Ich kommt zuerst, denn man hat im Lauf des Jahres gemerkt, dass der Zusammenhalt überhaupt nicht das »heiße Ding« ist bei Corona. Die Uni Bamberg hat festgestellt: 92 Prozent der Deutschen haben sich an die Corona-Maßnahmen gehalten, aber ganz besonders an die, von denen man wusste, dass sie einen selbst schützen, und nicht an die Maßnahmen, die nur andere geschützt haben.

Ott: Das würde auch erklären, warum wir zu Beginn der Pandemie so einen Riesenkrach rund um die Maske hatten und warum es so leise geworden ist um das Thema Maske, seit es um die FFP2-Masken geht, die auch einen selbst schützen. Aber wenn es so ist, dass das »Ich« mehr zählt als das »Wir«, woher kommt diese Einstellung deiner Meinung nach? Ist das ein neues Phänomen, das zum Beispiel mit den Echokammern in den sozialen Medien zu tun hat?

Flügge: Die Ich-Fixierung ist das Ergebnis eines langen Prozesses. Es gab mal mehr Zusammenhalt und Solidarität in Deutschland. Aber dann haben wir was geändert. Wir haben zum Beispiel gesagt: »Das mit der Rente, das musst du jetzt einfach für dich selbst lösen als jüngerer Mensch. Sorg' halt privat vor.« Es hieß also: »Löst es selbst!« Dasselbe Prinzip haben wir zum Beispiel bei der Verteilung von Studienplätzen eingeführt: Früher gab es einen großen Hut, in den alle ihr Los geworfen haben: die »Zentrale Vergabestelle für Studienplätze« (ZVS). Manchmal hatte man Glück und durfte zum Beispiel in Köln studieren. Andere hatten Pech und mussten ins Siegerland. Heute geht das anders: Du sollst dich bei jeder Uni einzeln bewerben, du sollst da bitte persönlich erscheinen und in einem Vorlesungssaal irgendeine Klausur schreiben. Also wieder das Prinzip: Löse es selbst! Dasselbe Bild sehen wir in den Betrieben bei der Frage: Gewerkschaft – ja oder nein. Und wir sehen es sogar im Supermarkt: Das Verbot von verstecktem Zucker kommt nicht. Ich kann ja die kleingedruckten Nährwerttabellen lesen. Löse es selbst!

Ott: Aber das ist doch das, was so viele Leute wollen: dass man sie nicht bevormundet und dass sie allein entscheiden dürfen.

Flügge: Richtig. Aber die Leute übersehen, dass sie allein gar nie genug wissen können, um richtig zu entscheiden. Wie löse ich denn die Frage der richtigen Rente für mich? Welcher Tierschutzstandard ist der richtige? Wie genau wurde die Verpackung hergestellt? Wie weit ist mein Essen um die Welt gereist? Mit welchem Strom wurde die Maschine betrieben, die im 16. Arbeitsschritt eines Vorproduktes eingesetzt wurde? Sprich, wir treffen nur scheinbar mündige Entscheidungen, denn zur Mündigkeit gehört Wissen und Wissen hat man in einer komplexen Welt nur, wenn man kooperiert und nicht, wenn man sich allein durchschlägt. Das Ergebnis ist dann, dass wann immer die Leute die Dinge selbst lösen, sie Entscheidungen treffen, die ihnen selbst oder anderen schaden. Wollen wir das?

Ott: Nun ist das nicht die ganze Wahrheit. Es gibt doch gleichzeitig immer mehr, vor allem junge Menschen, die sich sehr wohl um das Gemeinwohl sorgen und sich auch dafür engagieren. Man denke nur an Fridays for Future. Was hältst du von einer solchen Bewegung? Ist das Interesse am großen Ganzen dort echt, oder haben wir es mit einer Gruppe von Leuten zu tun, die aus einem ganz bestimmten Milieu kommen und es sich leisten können, Verzicht zu predigen, die aber auf andere, weniger gut Bemittelte keine Rücksicht nehmen?

Flügge: Also, zunächst einmal muss man zweierlei an Fridays for Future loben: Erstens, dass dort viele zusammen die Wahrheit suchen, und zweitens, dass diese Jugendlichen nicht nur Dinge von anderen einfordern, sondern auch deutlich Selbstkritik üben. Anders als all die Bürgerinitiativen in den 15 Jahren davor sagt Fridays for Future zum ersten Mal: »Wir wollen auch etwas, was uns selbst einschränkt«, und man fordert echte politische Lösungen statt individueller Scheinentscheidungsfreiheit. Das ist der richtige Weg und kein egoistischer Gedankengang.

Ott: Einverstanden. Aber da gibt es auch eine Luisa Neubauer, die zum Beispiel immer mal wieder in Interviews sagt: »Naja, hinter eine Demokratie, die nicht in der Lage ist, das Klimaproblem schnell zu lösen, müssen wir auch ein Fragezeichen setzen.« Das ist dann im demokratischen Sinne nicht gemeinwohlorientiert.

Flügge: Solche Tendenzen halte ich auch für sehr gefährlich. Die Demokratie ist ja deshalb langsam, weil sie möglichst breite gesellschaftliche Bewegungen erzeugen und möglichst viele Menschen auf einer Wegstrecke mitnehmen will. Und da ist so ein Kohlekompromiss zwar nervig, aber dieser Prozess hat dafür gesorgt, dass die Leute zum Beispiel im rheinischen Braunkohlerevier mit dem Technologiewechsel ihren Frieden machen, weil sie merken: Durch diesen Kompromiss besteht für ihre Region noch eine Chance.

Ott: Das scheinen Neubauer und andere aber nicht so zu sehen. Die sagen einfach: »Uns ist die Braunkohle egal und die Lausitz ist uns egal und alles, was da sozial dranhängt.«

Flügge: Das ist eine Haltung, die sich selbst ad absurdum führt. Wenn man das konsequent weiterdenkt, dann muss man sagen: Uns ist auch die Automobilindustrie egal, die Stahlindustrie, der Maschinenbau, der Straßenbau, der Hochbau. So kommt man aber an einen Punkt, an dem man für das Klima politisch überhaupt nichts mehr durchkriegt. Stattdessen haben wir dann plötzlich eine Mehrheit gegen den Kampf ums Klima organisiert – eine Mehrheit von Leuten, die sich in ihrem unmittelbaren Jetzt so bedroht fühlen, dass sie keine Energie mehr aufbringen, sich um die Zukunft zu kümmern.

Ott: Also eher gemischte Gefühle beim Blick auf Fridays for Future?

Flügge: Ja, durchaus. Die Stärke dieser Bewegung liegt darin, zu sagen: »Wir müssen Strukturen ändern, lasst uns aufhören mit dieser individuellen Konsumperspektive.« Die Schwäche ist, dass sie noch nicht den Willen aufgebracht hat, den nervigen Weg durch Institutionen und Kompromisse zu gehen. Einige wollen das, aber es gibt auch genügend, die einfach nur »How dare you?« sagen: »Wie könnt ihr es wagen, jetzt nicht alles sofort in unserem Sinne zu ändern?« Und damit wird sich gar nichts ändern.

Ott: Stichwort Veränderung: Ich habe den Eindruck, dass Fridays for Future auch eine Sehnsucht nach Radikalität bedient, dass es – nicht nur unter jungen Leuten – wieder mehr Menschen gibt, die sich einen grundlegenden Systemwandel wünschen, weil sie glauben: Anders geht es nicht. Die schauen dann auch auf die Marktwirtschaft oder die Leistungsgesellschaft und sagen: Solange wir nicht davon wegkommen, dass vor allem die Interessen des Kapitals bedient werden, wird es keinen echten Fortschritt geben. Sie plädieren also für einen Systemwechsel. Haben sie Recht?

Flügge: Nein. Ich würde sagen: Die Mischung macht's. Der Markt ist zunächst einmal ein hocheffizienter und sehr gut funktionierender Mechanismus zur Verteilung von Gütern. Trotzdem kann und soll man nicht alles dem Markt überlassen. Zum Beispiel muss sich eine Marktwirtschaft auch die Frage stellen: Wie gehe ich eigentlich damit um, wenn sich plötzlich an einer Stelle ganz massiv Vermögen konzentriert? – Was übrigens die logische Konsequenz von Marktwirtschaft ist. Und wie baue ich eine Gegenbalance auf? Die traditionelle Gegenbalance – starke Arbeitnehmervertretungen – steckt in der Krise. Und das liegt daran, dass neue Branchen mit einem niedrigen Organisationsgrad der Gewerkschaften entstanden sind. Wer dort arbeitet, muss sich sagen: Wenn ich jetzt in die Gewerkschaft eintrete, bin ich vielleicht der Erste, Zweite oder Dritte im Betrieb und zahle ein Prozent von meinem Bruttolohn. Aber damit verbessert sich für mich erst mal gar nichts. Erst wenn wir ganz viele sind, haben wir ja eine starke Verhandlungsposition. Das ist für den, der es anfängt, meistens ein schlechtes Geschäft. Da brauchst du echte Idealisten, die damit beginnen.

Ott: Hast du einen Vorschlag, wie man wieder für mehr gewerkschaftlich organisierte »Gegenbalance« in den Betrieben sorgen könnte?

Flügge: Ja. Man kann als Gewerkschaft beispielsweise sagen: Wir hören auf, von unseren Mitgliedern Beiträge zu erheben, sondern wir ziehen los und verhandeln im Zuge der Tarifverhandlungen mit einem Arbeitgeber gleich den Gewerkschaftsbeitrag mit: vier Prozent mehr Lohn für die Beschäftigten und ein Prozent von der Bruttolohnsumme dieses Betriebes für die Gewerkschaft. Dann habe ich die Finanzierung der Gewerkschaft verändert und es ist viel leichter für mich, in diesem Betrieb Mitglieder für die gewerkschaftliche Arbeit zu gewinnen, weil sie eben nicht so stark in Vorleistung gehen müssen und weil man sich gegenseitig solidarisch aushilft.

Ott: Würde sich so etwas über den Einzelbetrieb hinaus umsetzen lassen?

Flügge: Das denke ich schon. Alle, die bereits gut organisiert sind, müssten mithelfen, diesen Kampf für mehr gewerkschaftliche Organisation und Finanzierung auch in den anderen Betrieben zu organisieren. Und wenn das flächendeckend gelingt, dann entsteht auch wieder ein besseres Gleichgewicht auf dem Markt, sodass nicht die einen wehrlos sind gegenüber den anderen.

Ott: Also eher Marktreform als Marktabschaffung?

Flügge: Unbedingt! Wenn wir Marktmechanismen ausschalten oder massiv reduzieren, dann gehen wir auch das Risiko einer völligen Fehlverteilung von Gütern ein. Und das ist nicht überzeugend – übrigens auch nicht für Wählerinnen und Wähler. Die überwiegende Mehrheit der Deutschen möchte keinen fundamentalen ökonomischen Systemwechsel, weil das Wirtschaftssystem, so wie wir es leben, schlicht und ergreifend für sehr viele Menschen in diesem Land gut funktioniert.

Ott: Na ja, es funktioniert insgesamt nur relativ gut, weil es für ein paar wenige besonders gut funktioniert. Und zwar so extrem gut, dass selbst Staaten erpressbar werden gegenüber diesen gigantischen Vermögen. Und dies anzugehen, halte ich für eine dringende politische Aufgabe.

Flügge: Richtig. Aber »politische Aufgabe« bedeutet eben nicht im sozialistischen Salon zu sitzen und die Grundsatzdebatte zu führen. Das ist genauso wie beim Klimawandel: Die Grundsatzdebatte ändert es nicht. Das Einzige, womit wir etwas ändern, ist der politische Wille zu entsprechenden Verfahren und Mechanismen in unserer Gesellschaftsordnung.

Ott: Das heißt konkret?

Flügge: Typisch sozialdemokratische Politik machen! Vermögenszuwachs der Reichsten begrenzen und unten Aufstiegschancen bieten. Klar ist: Nichts und niemand kann die Armen dabei aufhalten, sich ihre Teilhabe an Konsum zu erstreiten – auch und gerade in der weltweiten Perspektive müssen wir davon ausgehen. Wir müssen massiv runter mit dem Konsum und dem Verbrauch von Ressourcen – das wird nicht ohne Weiteres funktionieren. Das beißt sich! Doch die Brücke dazwischen ist schon längst gebaut – und zwar von Sozialdemokratinnen und Sozialdemokraten. Sie heißt zum Beispiel »Cradle to Cradle« – ein Konzept, das besagt: Wir hören komplett auf mit Konsumkritik, wir nölen die Leute nicht mehr dafür an, dass sie einkaufen, sondern wir sorgen politisch dafür, dass alles, was wir konsumieren, komplett klimaneutral wird. Und zwar vom Schiffsantrieb über die Stahlherstellung mit erneuerbaren Energien bis hin zu den Schmierstoffen in irgendwelchen Walzwerken. Die Frage ist: Wie kriegen wir das alles so hin, dass es komplett und zu 100 Prozent erneuerbar und biologisch abbaubar ist? Dann ist am Ende der Konsum egal. Er darf im Gegensatz zu der Forderung der meisten Klimaaktivisten weiterwachsen, ist aber komplett entproblematisiert, weil er keine Emissionen mehr erzeugt.

Ott: Lieber Erik, vielen Dank für das Gespräch!

PFARRER FRANZ MEURER: »DEN RICHTIGEN WOLF FÜTTERN«

Pfarrer Franz Meurer (69) betreut seit fast 30 Jahren die rechtsrheinischen Pfarreien Höhenberg und Vingst, kurz: HöVi. In dieser Zeit hat er aus dem häufig als »Problemviertel« beschriebenen Teil der Stadt ein Beispiel gelebter Solidarität gemacht. Gemeinsam mit Weihbischof Ansgar Puff und der evangelischen Jugendleitern Petra Kempe hat Franz die Ferien zu Hause in »HöVi-Land« erfunden, als Zivildienstleistender durfte ich daran aktiv mitwirken.

Jochen Ott: Lieber Franz, wenn du an Corona und das neue »Wir« denkst – was kommt dir dabei als Erstes in den Sinn?

Franz Meurer: Ich denke als Erstes an all die Unterstützung, die sich die Menschen in dieser Zeit untereinander leisten. Wer in Quarantäne leben muss, erfährt die Hilfe der Nachbarn. Sie kaufen für ihn ein und stellen die Sachen vor die Tür. Über die sozialen Medien sprechen die Menschen mit denen, die in Quarantäne leben. Den Kommunionkindern haben wir 2020 Päckchen geschickt mit Lesestoff, Spielen und Bastelsachen. Wir haben ihnen aber auch vorgeschlagen, wie sie die Großeltern erfreuen können, die sie ja nicht mehr besuchen dürfen. Durch Briefe, Telefonate, auf Skype, mit Bildern und Gebasteltem. Selbst ich mache mittlerweile Videokonferenzen, denn das braucht es jetzt: Beziehungspflege auf ungewöhnlichen Wegen in der Distanz. Auch das ist ja Kommunion, Gemeinschaft, Zusammenhalt und gelebte Barmherzigkeit. Der Fantasie sind da keine Grenzen gesetzt. Vielleicht spielt jemand Schach mit einem Menschen, der zu Hause bleiben muss, über das Internet. Gerade im Internet hat es in den letzten Wochen so viele tolle Aktionen gegeben, die gezeigt haben: Wir treten füreinander ein. Wir lassen keinen hängen. Das ist jedenfalls meine Erfahrung hier in Höhenberg-Vingst: Wir entdecken, wie sehr wir aufeinander angewiesen sind.

Ott: Aber ist das nicht nur ein kleiner Ausschnitt, ein Phänomen an der Oberfläche, während die meisten Menschen im Herzen lieber doch egoistisch sind? Erik Flügge macht in einem Gespräch dieses Buches darauf aufmerksam, dass die offiziellen Kommunikationskampagnen in der Pandemie nur am Anfang auf das »Wir« setzten. Da hieß es: »Zusammen gegen Corona«. Mittlerweile heißt es: »Schütze dich, schütze andere.« Also zuerst »Ich«.

Meurer: Ach ja! Es heißt ja auch: »Liebe deinen Nächsten – wie dich selbst!« Ich bin überzeugt davon, dass der niederländische Autor Rutger Bregman recht hat. Er hat sein Buch über den Menschen mit dem Titel versehen: *Im Grunde gut*. Und er erzählt darin eine wahre Geschichte, die ich großartig finde: 1977 sind sechs Jungen in einem Internat auf der Insel Tonga in der Südsee. Ihnen ist langweilig und sie beschließen, sich einfach ein Boot zum Angeln »auszuleihen«. Sie stechen in See und geraten in ein schweres Unwetter. Nach rund 200 Seemeilen: Schiffbruch auf der unbewohnten kleinen Insel Ata. Hier harren sie 16 Monate aus, bis sie gerettet werden. Was geschieht?

Ott: Das erinnert an den Roman *Herr der Fliegen*. Da passiert einer Gruppe Jugendlicher Ähnliches – und es endet in Mord und Totschlag.

Meurer: Richtig. Aber in der Südsee geschieht genau das Gegenteil. Die sechs halten zusammen. Sie legen einen Gemüsegarten an, fangen Fische. Einem, der später Ingenieur wird, gelingt es nach einiger Zeit, mit einem Holzstab, den er zwischen den Händen rollt, und sehr trockenem Gras, Feuer zu machen. Einer bricht sich das Bein, gut geschient wächst es wieder zusammen. Natürlich gibt es auch Krach. Dann machen die sechs, was mich am meisten begeistert: Die Kontrahenten gehen auf die entgegengesetzten Seiten der kleinen Insel und kommen erst wieder zusammen, wenn der Ärger verraucht ist. Im Grunde gut. Die Realität toppt die Fiktion!

Ott: Aber das tut sie ja nicht von allein! Die sechs jungen Leute in der Südsee waren vielleicht von ihren Eltern gut erzogen oder besonders sozial geprägt. Was können wir tun, um Menschen zu mehr Solidarität zu bewegen?

Meurer: Dazu noch eine Geschichte. Sie ist wohl erfunden. Ein Opa sagt zu seinen Enkelsöhnen: »Ihr habt zwei Wölfe in euch, einen guten und einen bösen. Die kämpfen miteinander.« Die Jungs: »Wer gewinnt?« Der Opa: »Der, den du fütterst.« Soll heißen: Wir müssen uns um das Gute in unserem Grunde auch kümmern, es fördern und belohnen.

Ott: Wie kann das konkret gehen?

Meurer: Das machen wir hier in HöVi jeden Tag. Drei Dinge scheinen mir besonders wichtig. Erstens: Vertrauen schenken. Es gibt hier ein paar Räume, die verschlossen sind, weil sich hinter der Tür Wertsachen befinden. Aber es gibt auch jede Menge Schlüssel zu diesen Räumen. Wer einen braucht, weil das nötig ist, um Menschen in Not zu helfen, der bekommt einen. Zweiter Punkt: Gemeinsamkeit bewusst erleben – und feiern. Gemeinsame Verantwortung und Zusammenhalt machen nämlich Freude. Das ist meine Erfahrung hier in HöVi. Hier schaffen wir nie etwas allein, sondern immer nur zusammen. Auch ein Motto wie im diesjährigen Karneval trifft den Nagel auf den Kopf: »Nur zesamme sin mer Fastelovend.« Und drittens: Das Loslassen üben. Im vergangenen Sommer konnten wir unser Feriendorf HöVi-Land nur mit einem Bruchteil der Kinder machen, die sonst teilnehmen. Die Plätze waren also begrenzt. Da haben dann etliche bürgerliche Familien auf die Teilnahme ihrer

Kinder verzichtet, damit die ärmeren Kinder wenigstens eine schöne Ferienwoche erleben. Das ist die Solidarität, die unseren Stadtteil zusammenhält. Und nicht nur den. Solidarität kommt ja von dem lateinischen »solidum dare«, für den andern eintreten, für ihn bürgen. Die Bürgin oder der Bürge trägt also die Last der oder des anderen. Die Gesunden die Last der Kranken, die Reichen die Last der Armen.

Ott: Das setzt allerdings voraus, dass die einen überhaupt noch etwas von den anderen mitkriegen. Und dass nicht jeder in seiner eigenen Echokammer lebt.

Meurer: Stimmt. Und damit das nicht passiert, muss man dagegen arbeiten. Mit den Schulkindern mache ich zum Beispiel gern einen Test früh morgens im Unterricht und frage: »Wer hat heute schon für uns gearbeitet?« Sie kommen immer auf über dreißig Menschen. Der Bäcker für die Brötchen, die Hausmeisterin für die Heizung, die Mutter für das Aufwachen, der Mensch im Klärwerk für die Toilette. Auf solch jecke Ideen kommen die Kinder immer. Hoffentlich wir auch!

Ott: Und was empfiehlst du den Leuten, die keine Kinder unterrichten? Was kann man ganz konkret im Alltag tun, um eine Kultur der Solidarität zu pflegen und das »Wir« nicht aus den Augen zu verlieren?

Meurer: Kultur ist ein gutes Stichwort! Wir brauchen in diesem Zusammenhang auch eine Kultur des Muts zum Widerspruch. Wenn jemand zum Beispiel sagt, die Grünen seien doch Ökofaschisten, dann müssen wir in den Ring gehen. Wenn einer die Gutmenschen verspottet, die vegetarisch oder vegan leben, um die Schöpfung zu schonen, sollten wir widersprechen. »Zeugnis ablegen«, heißt das in der Bibel. Man könnte auch sagen: Klare Kante zeigen!

Ott: Klingt gut, aber ganz so klar sind die Dinge ja heute für viele Menschen nicht mehr. Zum Beispiel sehen immer mehr Menschen einen Widerspruch zwischen ökologischem und sozialem Verhalten. Sie haben den Eindruck: Man muss sich entscheiden – will man die Natur bewahren oder die Gemeinschaft der Menschen? Stichwort: Billigprodukte vom Discounter oder teure Biolebensmittel. Was denkst du darüber?

Meurer: Ich denke, dass das nur ein scheinbarer Widerspruch ist. Intakte Umwelt, intaktes Zusammenleben – das eine nutzt uns wenig ohne das andere. Und was den konkreten Umweltschutz betrifft, halte ich es mit dem 80-jährigen Ernst Ulrich von Weizsäcker. Er sagt: »Der schlafende Riese heißt Effizienz. Dieser muss geweckt werden.« Also habe ich überlegt, wo ich effizienter, wirksamer mit Energie umgehen kann. Dabei half mir der Supermarkt. Dort gab es LED-Birnen günstig zu kaufen. Und ich erinnerte mich, dass ich tatsächlich in meinem Badezimmer seit 28 Jahren eine 100-Watt-Birne leuchten lasse! Eigentlich unglaublich. Gedacht, getan. Nun hängt dort eine LED-Birne mit 8 Watt. Oder: Im Advent hängen wir an 130 Straßenlaternen in unserem Stadtteil Weihnachtssterne auf, jeweils mit 21 Glühbirnen. Bis vor zwei Jahren waren es Birnen zu jeweils 7 Watt, also pro Stern 147 Watt. Dann haben wir auf LED umgestellt, jede Birne zu 0,4 Watt. Die Ersparnis ist enorm: Vorher haben wir 1300 Euro für alles bezahlt, nun 230 Euro! Da geht »öko« und »sozial« also Hand in Hand.

Ott: Wenn du politisch Verantwortung zu tragen und zu entscheiden hättest, wo würdest du im Moment besondere Schwerpunkte setzen?

Meurer: Ganz klar im Maschinenraum der Gesellschaft – bei den Pflegekräften, den Verkäuferinnen und Verkäufern oder allen, die uns die vielen Pakete zustellen. Für die Pflege hat die Wochenzeitung *Stern* im Februar eine Unterschriftenaktion gestartet, die mir gut gefallen hat: für eine bessere Pflege in Würde. Gefordert werden mehr Zeit für Patient*innen, höhere Gehälter und insgesamt eine konsequente Abkehr von Profitdenken und ökonomischen Fehlanreizen durch eine Gesundheitsreform. In den USA würde man da von kommunistischen Ideen sprechen. Aber zum Glück nicht bei uns. Wir leben – noch – im Rheinischen Kapitalismus, der eben alle Stakeholder beachtet – nicht nur die Shareholder! Der Sozialdemokrat Kurt Schumacher hat gesagt: »Politik beginnt mit dem Betrachten der Wirklichkeit.« So ähnlich sieht es auch Papst Franziskus: Die Wirklichkeit ist wichtiger als die Idee. Die Pandemie hat die Wirklichkeit in den Fokus gerückt. Jede und jeder sieht, wer sich an die Regeln hält. Wie Ärztinnen und Pfleger sich rund um die Uhr einsetzten. Dass die Senior*innen zuerst geimpft werden müssen. Und zu sehen ist auch, wer es nicht gemeinsam machen will: manche reiche Menschen, die sich die Impfung früh erkaufen. Doch dies führt zum Glück nicht zur Resignation, sondern zum Aufschrei. Und das ist auch wichtig!

Ott: Lieber Franz, Danke für das Gespräch!

Im Gespräch mit ...

RAINER KIPPE: »NIX MEHR PFAND, TOILETTEN ZU«

Im Gespräch mit Rainer Kippe von der Sozialistischen Selbsthilfe Mülheim (SSM) wird deutlich, wie die Pandemie »von unten« betrachtet aussieht. Rainer Kippe (77) arbeitet seit Ende der 1960er-Jahre mit und für die SSM. Dort setzt er sich zusammen mit zahlreichen ehrenamtlichen Helferinnen und Helfern für Obdach- und Arbeitslose sowie Arme ein.

Jochen Ott: Rainer, wie erlebst du die gesellschaftliche Wirklichkeit in diesen Tagen?

Rainer Kippe: Die Gesellschaft hat sich im letzten Frühjahr eine Decke über den Kopf gezogen. Behörden sind nicht mehr erreichbar, Gerichte reagieren nicht mehr auf Anträge, Baumärkte sind geschlossen, Schulen und Kindergärten sowieso. Und überall wachsen Not und Verzweiflung. Besonders trifft es die unteren Schichten, diejenigen, die sich als Tagelöhner verdingen müssen und auf einmal keine Arbeit mehr finden, die Familien, die in zu kleinen Wohnungen Homeschooling machen und gleichzeitig ihre Arbeit im Homeoffice erledigen müssen, Jugendliche, die keine Freunde empfangen dürfen. Der Forderungsapparat aber läuft weiter: Essen muss gekauft, Mieten müssen bezahlt, Schulden bedient, Auflagen erfüllt werden. Auch Zwangsräumungen laufen weiter.

Ott: Wen trifft es nach eurer Beobachtung am härtesten?

Kippe: Ganz unten sind die Obdachlosen, diejenigen, die gar nichts mehr haben, außer dem, was sie auf dem Leibe tragen, und vielleicht einen Schlafsack – und die immer mehr werden. Sie stehen auf einmal in leeren Straßen vor verschlossenen Türen. Nix mehr Flaschenpfand, keine Passanten zum Anschnorren, Toiletten zu.

Ott: Könnt ihr denn wenigstens weiterhin helfen?

Kippe: Ja, das können wir, aber wir bekommen alle möglichen Auflagen: Unsere Läden sind geschlossen, wir dürfen also nichts mehr verkaufen, unsere Veranstaltungsräume ebenso, es fallen erhebliche Mieteinnahmen aus Konzerten, Veranstaltungen und Seminaren weg.

Ott: Wie könnt ihr unter diesen Bedingungen weiterarbeiten?

Kippe: Wir machen einfach, was geht. Unsere LKWs zum Beispiel fahren jeden Tag raus. Wir fahren Entrümpelungen, Wohnungsauflösungen und machen Umzugshilfe. Unser Büro ist besetzt und an jedem Montag, den Gott werden lässt, beraten wir ab 19 Uhr Menschen, die in Not sind, die Schwierigkeiten mit dem Job-Center haben, denen die Zwangsräumung droht, die obdachlos sind und dringend eine Bleibe suchen. Auch, wenn es verrückt klingt: Wir von der Sozialistischen Selbsthilfe haben in Zeiten des weitgehenden Stillstandes mehr Arbeit denn je.

Ott: Ihr seid ja außerdem auch für eure politischen Aktionen bekannt. Wie steht es denn darum? Welche Protestformen sind derzeit noch möglich?

Kippe: Während sich das öffentliche Leben weitgehend in Videokonferenzen verkrochen hat, gehen wir mehr denn je auf die Straße, gehen dahin, wo die Not sichtbar wird, machen Kundgebungen und Demonstrationen, besetzen Häuser oder unterstützen Besetzungen wie in der Kölner Marktstraße und in der Gummersbacher Straße oder setzen uns selbst als lebenden Protest vor das Kölner Rathaus, um Maßnahmen gegen Wohnungsnot und Stadtzerstörung einzufordern, verteilen Kleider und Decken und kämpfen um Schlafstellen. Gegen nachlässige Behörden gehen wir lautstark vor, krasse Fälle zeigen wir auch an.

Ott: Und habt ihr den Eindruck, dass diese Art von Protest etwas bewegen kann im Hinblick auf ein neues »Wir«, auf mehr Bewusstsein für die Zusammengehörigkeit der Menschen?

Kippe: Zumindest die Reaktion der Menschen ist gut. Wir erhalten durchaus viel Unterstützung und Anerkennung. Die Reaktion der Behörden hingegen ist gemischt. Das Ordnungsamt zum Beispiel schikaniert uns, die Polizei ist eher wohlwollend, die Sozialbehörden sind zwar kooperativ, vielfach aber unsicher und meistens träge. Wirkliche Änderungen und tatkräftige Hilfe wie die Unterbringung von Obdachlosen in Hotelzimmern müssen wir hart erkämpfen.

Ott: Und wie reagiert die etablierte Politik?

Kippe: Die Politik ist geteilt, teils abwartend und vorsichtig taktierend, teils gibt es offene Sympathie und Unterstützung, vor allem von denen, die gerade nicht an der Macht sind.

Ott: Was tut ihr, um euch bei all dem Einsatz für andere selbst zu schützen und gesund zu bleiben?

Kippe: FFP2-Masken gehören inzwischen zur Grundausstattung. Aber natürlich genügt das nicht, wenn man zu dritt nebeneinander in der engen Fahrerkabine des LKW sitzt, zu fünft im PKW zum Auftrag fährt oder gemeinsam einen fünftürigen Schrank zerlegt. Infektionen kommen deshalb trotz aller Vorsichtsmaßnahmen vor und müssen durch Quarantäne ausgesessen werden.

Zu Arbeitsbesprechungen versammeln wir uns mit großem Abstand im Freien, bei Minustemperaturen in einem großen Saal, bei geöffneten Fenstern, mit Masken und je zwei Meter Abstand. So bleibt der direkte Kontakt innerhalb der Gruppe erhalten, ohne den eine basisdemokratisch organisierte Gruppe natürlich nicht arbeiten kann. Alles in allem kann man sagen: Die Pandemie ist für uns eine große Bewährungsprobe. Bisher haben wir sie aber gut bestanden.

Ott: Ich wünsche euch auch weiterhin alles Gute!

Kapitel 4: Solidarischer Individualismus

Der Anfang und das Ende der Leistungsgesellschaft

Nur wenige Wochen nach meiner Wahl zum Vorsitzenden der Köln-SPD im Jahr 2001 schrieb Michael Young, Soziologe und britischer Laborvordenker der 1940er- und 1950er-Jahre, einen bemerkenswerten Aufsatz, den ich damals leider nicht zur Kenntnis nahm, und erinnerte darin an sein Buch aus dem Jahr 1958 *The Rise of the Meritocracy*. Dieses Buch war ein satirisches Werk zur Entwicklung der modernen Leistungsgesellschaft. Young beschreibt darin eine demokratische Gesellschaft im Jahr 2033, in der Abstammung und ererbter Besitz keine Rolle mehr spielen.[1] Ganz anders also, als es noch *Little Lord Fauntleroy*, »der kleine Lord«, 1886 lernen musste: Im Werk der Schriftstellerin Frances Hodgson Burnet erfährt die kindliche Hauptfigur stellvertretend für alle damaligen Leser*innen, dass die Erbaristokratie große Vorzüge habe, jedenfalls dann, wenn sie von »guten« Adligen repräsentiert werde. Sie tragen Verantwortung, kümmern sich um die Leben der Menschen, die ihnen anvertraut sind, und können so das Leben positiv verändern. Ganz anders dann bei Young ein Menschenalter später: In seinem Text wurde die Erbaristokratie von der Erbmeritokratie abgelöst. Sprich: Nicht mehr die geborenen Adligen haben den größten politischen Einfluss, sondern die Erfolgreichen und sogenannten Leistungsträger*innen. Aber: Auch dieses Modell entwickelt sich bei Young zu einer Leistungsdynastie, die den eigenen Wert höher einschätzt als den der restlichen Gesellschaft und sich abschottet. Das Werk endet mit einem populistischen Aufbegehren – die Leistungsgesellschaft hat sich selbst zerstört. Der hellsichtige Autor warnte auf

[1] Michael Young, *The Rise of the Meritocracy*, London 1958. In Deutschland erschienen 1963. Leider ist das Ursprungswerk vergriffen und ich konnte mich nur auf die Rezeption und die Zitate von Michael Sandel beziehen.

diese Weise: Leistungsgesellschaften werden am Ende zu Protest und Angriff auf die Demokratie führen.

Angesichts der Erstürmung des Kapitols in Washington erscheint diese Vorhersage noch beeindruckender; sie übertrifft sogar noch die Überlegung des US-Philosophen Michael Sandel, der bereits festgestellt hat, Young habe quasi den Brexit vorausgesagt.[2] Aber was ist denn eigentlich falsch am Leistungsgedanken? Soll nicht jede*r bekommen, was er oder sie durch Leistung verdient? Was kann daran nicht in Ordnung sein?

Um diesen Fragen auf den Grund zu gehen, beginnt man am besten beim Begriff der »Meritokratie« selbst. Er beschreibt eine Herrschaftsordnung, in der Intelligenz und Leistung die gesellschaftlichen Positionen bestimmen. Die Verteilung von Gütern und Positionen wie Macht, Privilegien, Einkommen und Status im Bildungs- und Beschäftigungssystem sollen also ausschließlich nach dem Leistungsprinzip erfolgen, und nicht etwa nach vererbtem Status oder zugeschriebenen Merkmalen wie Geschlecht oder »Ethnizität«. Gemessen wird die Leistung in dieser Sichtweise durch IQ-Tests und/oder formale Bildungsabschlüsse, mit deren Hilfe kognitive Fähigkeiten und Persönlichkeitseigenschaften vergleichbar werden. In der Idealvorstellung nimmt in Meritokratien somit jedes Mitglied der Gesellschaft eine »verdiente« Position ein, da man davon ausgeht, dass am Start des Leistungswettbewerbs alle dieselben Chancen haben. Im Umkehrschluss trägt das Individuum selbst die Schuld, wenn es bestimmte Positionen und Güter nicht erreicht.[3]

Wie aber sah und sieht die Realität aus? Michael Sandel erinnert in diesem Zusammenhang beispielhaft daran, wie in den USA die

[2] Der US-amerikanische Autor Sandel stellte dabei fest, dass sich Young nur in der Jahreszahl irrte. Die Brexit-Abstimmung fand bereits 2016 statt. Vgl. Sandel 2020.

[3] Vgl. u. a. Rolf Becker, Andreas Hadjar: Meritokratie – Zur gesellschaftlichen Legitimation ungleicher Bildungs-, Erwerbs- und Einkommenschancen in modernen Gesellschaften. In: Lehrbuch der Bildungssoziologie, S. 35–59.

liberalen Eliteuniversitäten in den 1940er-Jahren noch von der *weißen*[4] protestantischen männlichen Elite dominiert wurden. Vielen war dies ein Dorn im Auge, da sämtliche Ressourcen in der Bevölkerung genutzt werden sollten und eine einseitige Auswahl als Schaden für die moderne Gesellschaft bewertet wurde. Insofern ist es mehr als verständlich, dass Liberale der damaligen Zeit alles darangesetzt haben, die Position der Elite an Universitäten, in der Wirtschaft und im Staat perspektivisch diverser und kompetenter zu besetzen. Und um dies zu erreichen, argumentierten zunächst auch sie »meritokratisch«: Allein auf die Leistung sollte es ankommen.

Linksliberale und Sozialdemokrat*innen hingegen setzten schon damals auf einen starken Staat, der für mehr Bildung und vor allem für mehr Chancengleichheit sorgen sollte, um so eine faire Grundlage für meritokratische Prozesse zu schaffen. Rechts- und Wirtschaftsliberale sahen und sehen das anders. Insbesondere seit Ende der 1970er-Jahre betrieben sie eine radikal neoliberale Wende: Staatlicher Einfluss sollte zurückgedrängt werden. Stattdessen rückten wieder das Individuum und der Markt in den Mittelpunkt. Die vorherrschende Erzählung der Leistungsgesellschaft, das neoliberale Motto »jede*r ist seines / ihres Glückes Schmied«, ist in der BRD durch die Erzählungen zum sogenannten Wirtschaftswunder tief verankert. Helmut Kohl leitete in Konsequenz dieser Erzählung die sogenannte geistig-moralische Wende ein und veranschaulichte diese 1982 mit dem Motto »Leistung muss sich wieder lohnen!«. Kohl hob – ähnlich wie Margaret Thatcher in Großbritannien – die individuelle Verantwortung und Vorsorgepflicht hervor und kündigte Sparmaßnahmen an, »etwa die Kürzung bei Leistungen der

[4] Die Bezeichnung von Hautfarben erfolgt aufgrund einer rassistischen Konstruktion, die Menschen in verschiedene Gruppen einteilt. Um daraus entstandene Entwicklungen nachvollziehen zu können, wird der Begriff *weiß* in diesem Text zwar als Analysekategorie verwendet, aber ausschließlich kursiv geschrieben, um die Dimension der Rassenkonstruktion mitzudenken.

Arbeitslosenversicherung, eine erhöhte Eigenbeteiligung bei Krankenhausaufenthalten oder das Aussetzen der Rentenanpassung«[5]. »Weg von mehr Staat, hin zu mehr Markt, weg von kollektiven Lasten, hin zur persönlichen Leistung; weg von verkrusteten Strukturen, hin zu mehr Beweglichkeit, Eigeninitiative und verstärkter Wettbewerbsfähigkeit.«[6] Nach dem Zusammenbruch des Ostblocks Ende der 1980er- beziehungsweise Anfang der 1990er-Jahre setzte sich diese wirtschaftsliberale Position zunächst als Gewinnerin durch. Dann jedoch übernahmen Ende des Jahrhunderts mit Bill Clinton, Tony Blair, Gerhard Schröder und schließlich Barack Obama wieder Linksliberale und Sozialdemokrat*innen in Europa und den USA die Regierung. Sie entwickelten die neoliberale Marktposition weiter und setzen alles daran, in einem grundsätzlich marktorientierten System Chancengleichheit wieder in den Mittelpunkt zu stellen. Das Ziel war es, jedem Menschen die Möglichkeit zu bieten, aus seinen Talenten und Fähigkeiten das Beste zu machen und diese Entwicklung nicht nur dem Markt und dem Zufall zu überlassen. Gerhard Schröder baute dieses Prinzip in der Agenda 2010 aus und verkündete 2003: »Wir werden Leistungen des Staates kürzen, Eigenverantwortung fördern und mehr Eigenleistung von jedem Einzelnen abfordern müssen.«[7] Hierbei darf man nicht vergessen, dass auch die Grünen als Koalitionspartner »marktliberale Positionen in den Sozialstaat implementierten.«[8] Dieser Verantwortung entziehen sie sich bis heute.[9]

Links- und Wirtschaftsliberalen war somit das grundsätzliche Prinzip der Leistungsgesellschaft gemein. »Neoliberalism had spread from think tanks to journalists and from journalists to politicians, infecting people like a virus. At a dinner in 2002, Thatcher was asked

[5] Bösch 2019, S. 290.

[6] Helmut Kohl, Regierungserklärung (1982), zit. nach: Bösch 2019, S. 219.

[7] Schröder 2003.

[8] Bösch 2019, S. 303.

[9] In Köln zum Beispiel stellen sie seit zwanzig Jahren die Sozialdezernent*in. Innovative sozialstaatliche Konzepte fehlen dennoch.

what she saw as her great achievement. Her answer? ›Tony Blair and New Labour. We forced our opponents to change their minds.‹«[10]

Doch während die Wirtschaftsliberalen im Wesentlichen den Staat als Störer eines freien Wettbewerbs der Individuen brandmarkten, bemühten sich Linksliberale weiterhin, die Kraft des Staates zu nutzen, um den Individuen das Rüstzeug zu geben, im Wettbewerb der Einzelnen mithalten zu können.

Tony Blair beschrieb dies um die Jahrtausendwende am klarsten und nutzte dabei auch den Begriff Meritokratie. Darauf reagierte Michael Young 2001 im *Guardian* und kritisierte Blair scharf: »It is highly unlikely the prime minister has read the book, but he has caught on to the word [meritocracy] without realising the dangers of what he is advocating.«[11]

Und in der Tat wurden zwei Aspekte von Linksliberalen und Sozialdemokrat*innen (und somit auch mir) nicht klar genug gesehen: Zum einen werden auch in einer auf Leistung aufgebauten Gesellschaft Privilegien leistungslos an die Nachkommen vererbt oder deren Leistungen schon im Vorhinein deutlich stärker begünstigend beeinflusst. Zwar sind nun (teilweise) andere Personen als in vordemokratischen Gesellschaften bevorteilt, aber auch sie wollen ihre Kinder vor Konkurrenz »von unten« schützen. Zum anderen sind die Auswirkungen, wie sie auch Young beschreibt, sowohl für die angeblichen Gewinner*innen als auch für die vermeintlich Erfolglosen immens und können gesellschaftsschädigend wirken: Während die Gewinner*innen glauben, sie haben den eigenen Status aufgrund ihrer Qualifikationen verdient, und deshalb mit einer gewissen Überheblichkeit auf die »Erfolglosen« blicken, suchen die »Erfolglosen« die Verantwortung für das eigene Scheitern bei sich selbst und tendieren zu Mutlosigkeit und Frustration.

[10] Bregman 2020.

[11] »Es ist sehr unwahrscheinlich, dass der Premierminister das Buch gelesen hat, aber er hat das Wort [Meritokratie] aufgenommen, ohne verstanden zu haben, welche Gefahr mit dem, was er da befürwortet, einhergeht.« Young 2001.

Tatsache aber ist: Ein wirklich objektives und gerechtes Maß von Leistung und Verdienst sowie die Zuordnung von Positionen aufgrund von Leistungen ist äußerst schwierig, wenn nicht gar unmöglich durchzusetzen. Selbst der Ultraliberale Friedrich August von Hayek weist darauf hin, dass das, was auf dem Markt gut verkäuflich ist, nicht zwangsläufig auf Leistung beruht. Eliten könnten zudem das Maß so gestalten, dass sie ihre eigenen Güter und Positionen sowie die ihrer Nachkommen legitimieren und vor der Konkurrenz »von unten« schützen. Und auch der US-Philosoph Sandel kritisiert, dass zahlreiche soziale Voraussetzungen, die zum Erfolg von Menschen beitragen, in der Vorstellung der eigenen Leistung ausgeklammert würden – so die Familie, Lehrkräfte, ein positives und bestärkendes Umfeld, Glück.[12] Diese Erkenntnis bedeutet im Umkehrschluss nicht, dass persönliches Talent und Disziplin unwichtig sind; »Leistung« ist eine Antriebsfeder und dadurch eine notwendige Voraussetzung für Veränderungen. Sie ist nur in vielen Fällen nicht so ausschlaggebend für die eigene Position gewesen, wie es dem Einzelnen scheinen mag. Außerdem können auch Menschen, die viel geleistet haben, scheitern.

Hinzu kommt, dass »Leistung« ein dehnbarer Begriff ist, der keinesfalls zwingend logisch gefüllt wird. Während etwa einige Jobs wie Investmentbanking oder Innenarchitektur sehr gut bezahlt werden, sind andere systemrelevante Berufe wie die Pflege junger und alter Menschen, die Müllabfuhr, Lebensmittelherstellung und andere Jobs besonders schlecht bezahlt. Zudem wird Menschen, die diese (leistungsstarken) Jobs übernehmen, auch weniger nichtmaterieller Respekt dafür entgegengebracht. »Wer welche Aufgabe erledigt, bestimmt oft der Zufall. Wenn wir uns das bewusst machen, dann folgt daraus, dass sich zum Beispiel enorme Einkommensunterschiede moralisch nicht rechtfertigen lassen.«[13]

[12] Vgl. Herzog 2020, Sandel 2020a.

[13] Herzog 2020

Meritokratische Gesellschaften erscheinen also nur auf den ersten Blick fairer. Insbesondere, so zeigen es zahlreichen Studien,[14] sind es immer wieder dieselben Milieus, die als Bildungsverlierer*innen oder -gewinner*innen abschneiden und in denen sich die Ungleichverteilung der Chancen deshalb zementiert: »Wenn man zu einer gesellschaftlich privilegierten Gruppe gehört – männlich, gutbürgerlich, *weiß*, zum Beispiel – muss man davon ausgehen, dass der eigene Erfolg auch damit zu tun hat, dass andere Gruppen weniger Chancen hatten.«[15] Doch anstatt diesem Mangel an Chancengleichheit grundsätzlich zu Leibe zu rücken, zielen steuernde Maßnahmen bestenfalls auf eine akute und quantitative Verbesserung des Status quo. Der Soziologe Helmut Schelsky schrieb bereits 1957, der Schule komme »die Aufgabe zu, in Absehung von allen leistungsfremden Merkmalen Bildungstitel allein nach Wissen und Begabung zu vergeben.«[16] Dieser prinzipielle Leitsatz wurde allerdings nicht beherzigt. Kinder aus unteren Schichten ohne starken Bildungsbezug werden paradoxerweise genau durch die Illusion der Chancengleichheit benachteiligt: »Werden [...] alle Kinder mit strikt den gleichen Prüfungsbedingungen konfrontiert, setzen sich zwangsläufig jene am stärksten durch, die von ihrer familiären und sozialen Herkunft her auf die Maßstäbe des schulischen Erfolgs am besten vorbereitet worden sind.«[17] Denn nicht zu vergessen ist die Tatsache, dass die soziale Herkunft für die Ausprägung persönlicher Merkmale und Talente eine grundsätzliche und wichtige Rolle spielt. Der französische Sozialphilosoph Pierre

[14] Beispielsweise im Auftrag der Bertelsmann-Stiftung: Jutta Allmendinger / Johannes Giesecke / Dirk Oberschachtsiek (2011): *Unzureichende Bildung: Folgekosten für die öffentlichen Haushalte.*

[15] Herzog 2020.

[16] Bei Neckel 2012, S. 65.

[17] Ebd., nach Bourdieu / Passeron 1971. In der Migrationsforschung konnte durch diese Analyseperspektive gezeigt werden, dass Kinder mit Migrationshintergrund daher oft in schulischen Tests schlechter abschneiden und eher auf Hauptschulen verwiesen werden.

Bourdieu hat hier die Begriffe des ökonomischen, sozialen und kulturellen Kapitals generiert und beschreibt damit sehr gut, wie sich Ungleichheit in unserer Gesellschaft manifestiert.[18] Allein der Begriff des kulturellen Kapitals ist hilfreich, um unterschiedliche schulische Leistungen von Kindern aus verschiedenen sozialen Klassen zu verstehen. Denn natürlich prägt es ein Kind, wenn die Familie regelmäßig Museen besucht, und natürlich spielt es auch eine Rolle, ob im eigenen Haushalt eine Vielzahl von Büchern vorhanden ist, oder ob ab morgens der Fernseher läuft.

Bereits in der Grundschule wird also eine »Fiktion der Chancengleichheit«[19] geschaffen, die auf angeblich messbarer Leistung beruht. Und dieses Maß hat große Auswirkungen auf den weiteren Lebensverlauf: Die Kinder werden am Ende der Grundschulzeit auf weiterführende Schulen geschickt, die zwar formal als gleichwertig gelten, aber in der Realität bietet das Gymnasium den Schulabschluss, der als vielversprechender und wertvoller gilt. Schüler*innen aus als schwierig geltenden Wohnvierteln wechseln dabei deutlich seltener von der Grundschule auf ein Gymnasium. Auch diese »ungleiche Verteilung von Bildungs- und Lebenschancen«[20] erfolgt aufgrund einer fiktionalen Chancengleichheit und damit verbundener »Leistungs«-Messung. Dabei kann man inzwischen eher von »Parentokratie« sprechen, da Bildungspositionen eher nach den Ressourcen der Eltern vergeben werden.[21]

Besonders trifft dies Kinder von Migrant*innen, wenn deren Eltern keine entsprechende (Aus-)Bildung haben. Die Kinder werden dann sowohl mit der Illusion der Chancengleichheit als auch institutioneller Diskriminierung konfrontiert.[22] Die gesamtgesell-

[18] Bourdieu 2012, S. 229–242.

[19] Breidenstein 2020, S. 296.

[20] Ebd., S. 297.

[21] Ebd. S. 300. Begriff »Parentokratie« nach Waldow 2014.

[22] In Köln hat beispielsweise die Initiative Coach e.V. dieses doppelte Problem erkannt. Dort werden Kinder und Jugendliche über mehrere Jahre hinweg begleitet, damit sie eine erfolgreiche Schullaufbahn absolvieren können und

schaftliche soziale Undurchlässigkeit ist heute sogar noch stärker als in den Jahren vor 1960.[23] Und da die »Gewinner*innen« – oft pauschal dargestellt als »die da oben« – den eigenen Erfolg und Status als verdient empfinden, entwickeln sie Unverständnis für all diejenigen, die diesen Erfolg nicht haben. Diejenigen, die nach den Maßstäben der Leistungsgesellschaft »erfolglos« sind beziehungsweise als »die da unten« gelten, haben aufgrund der offiziell stets wiederholten Behauptung real existierender Chancengleichheit keine Möglichkeit, jemand anderen für ihr Scheitern verantwortlich zu machen als sich selbst. Da die »Erfolglosen« dies verständlicherweise nicht akzeptieren wollen, entstehen in vielen Menschen Wut und Ablehnung der Parteien und »derer da oben«.

Michael Sandel etwa hebt für die USA hervor, dass es Menschen so vorgekommen sei, als hätten sich Frauen, Menschen mit Migrationshintergrund und andere vorgedrängelt und ihnen somit die Chance auf Verwirklichung des American Dream verwehrt. Sie fühlen sich ungerecht behandelt, da sie auf ihre Chance, die ihnen (fälschlicherweise) mit der angeblichen Chancengleichheit versprochen wurde, gewartet hatten.[24] Die Arroganz der einen und die Verbitterung der anderen führt aber im Ergebnis zur Spaltung von Gesellschaften. Statt Solidarität greift Demoralisierung um sich[25] – nicht nur in den USA, sondern auch in Ländern wie Deutschland.[26]

bei den täglichen Herausforderungen aufgrund ihres Milieus und/oder Rassismus Unterstützung erfahren.

23 Neckel 2012, S. 69: »In Ostdeutschland noch wesentlich stärker als in Westdeutschland und bei den Frauen noch steiler ansteigend als bei den Männern.«

24 Vgl. Sandel 2020, S. 324.

25 Ebd. S. 118.

26 Dazu gehört auch, dass Gewerkschaften und Parteien bis um das Jahr 2000 Wohnungen, Kitas, Ausbildungsplätze und Jobs vermitteln konnten. Vermeintliche Korruptionsprävention und Antidiskriminierungsvorgaben beendeten diese Praxis fast komplett. Während die Netzwerke der kleinen Leute damit zerstört wurden, funktioniert das Vitamin B auf der Seite der Gewinner*innen bis heute nahezu ungebrochen.

Die vereinfachte Darstellung der gesellschaftlichen Spaltung in *die* Gewinner*innen und *die* Erfolglosen bildet natürlich nicht die differenzierte Situation in den neoliberal geprägten Gesellschaften ab. Rechtspopulist*innen werden nicht nur von »Erfolglosen« gewählt, wie das die Entwicklung in den USA gezeigt hat. So macht insbesondere die Mitte der Gesellschaft gemischte Erfahrungen, was eigenen Erfolg und Aufstiegschancen angeht. Nur wer selbst an Grenzen stößt, bemerkt, dass es in den westlichen liberalen Gesellschaften entgegen ihren Versprechungen de facto keineswegs so einfach ist, »ganz nach oben« durchzustoßen. Rituale, Verhalten und Sprachcodes bilden vielmehr noch immer unsichtbare Barrieren. Viele Bürger*innen mussten während der Corona-Pandemie erleben, dass ihre Leistung als Pflegekraft im Krankenhaus oder als Paketbot*in oder an der Supermarktkasse nicht ausreichend gewürdigt wurde.

Ein interessanter Gedanke in diesem Zusammenhang stammt von dem Soziologen Wilhelm Heitmeyer: »Menschen und Gruppen werden immer stärker nach Kriterien, die im Wirtschaftsleben adäquat sind – Nützlichkeit, Verwertbarkeit, Effizienz – beurteilt. Erhebungen in allen europäischen aber Ländern zeigen: Ungleichheit zerstört Gesellschaften.«[27]

Ein ausgleichendes Gegengewicht dazu könnte und müsste ein selbstbewusster und handlungsfähiger Staat (oder eine starke Staatengemeinschaft) schaffen, der als »strategischer Investor«[28], Armutsbekämpfer, Umverteiler und als Klimaretter fungiert. Dafür muss der Staat konkret als Gestalter der Energie- und Verkehrswende sowie einer gerechten Globalisierung auftreten und sein demokratisch gebildetes Gewaltmonopol als Rechtsetzer und Durchsetzer wahrnehmen.

Dem stehen jedoch in den neoliberalen Gesellschaften des Westens die (wenn auch je nach Land unterschiedlich stark ausgepräg-

[27] Heitmeyer 2021.

[28] Klingbeil 2021.

ten) Kräfte eines Individualismus gegenüber, der über weite Strecken zu einem schlichten Egoismus mutiert ist, wie ihn Erik Flügge im Gespräch mit mir umrissen hat: So reicht etwa der Solidargedanke bei der Altersvorsorge nicht mehr aus. Studienplätze werden nicht mehr verlost, sondern nach vermeintlicher Leistung vergeben. Wehr- und Zivildienst wurden abgeschafft. Nach einem Jahr rutscht ein Mensch ohne Job in Hartz IV – die Liste ließe sich fortführen.

Im Kern implementierte sich der Gedanke der Eigenverantwortung immer mehr in den Herzen und Köpfen der Menschen. Dies ist nicht per se schlecht, allerdings schlägt die Eigenverantwortung eben schnell in puren Egoismus um. Ein Beispiel aus der Familienwelt: Sind meine Kinder klein, dürfen sie selbstverständlich im Hof spielen. Sobald sie Jugendliche sind, dürfen sie selbstverständlich draußen bis in den Abend hinein laut sein. Sind meine Kinder aber ausgezogen, fallen mir plötzlich die Kinder und die Jugendlichen in der Nachbarschaft auf die Nerven, weil sie meine Nachtruhe nicht achten. Ob Fahrradfahrer*innen oder Hundebesitzer*innen, ob Kinderwagen oder Rollatoren und vor allem natürlich Autofahrer*innen: Alle sehen sich selbst im Recht, den öffentlichen Raum in ihrem Sinne zu nutzen, und lassen Rücksicht, Solidarität und gemeinsames Vorgehen mehr und mehr außer Acht.

Diese ausgeprägte Ich-Gesellschaft der ersten zwanzig Jahre des neuen Jahrtausends sah der Musiker Falco schon 1998 treffend voraus:

»Die ganze Welt dreht sich um mich
Denn ich bin nur ein Egoist
Der Mensch, der mir am nächsten ist
Bin ich, ich bin ein Egoist

Ganz oben auf der Liste, ja da stehe ich
Du musst mir schon verzeih'n, aber ich liebe mich
Das obwohl ich überaus und durchaus kritisch bin
Hab ich den ganzen lieben langen Tag nur mich im Sinn
Ich habe über meinem Bett 'nen Spiegel angebracht
Damit mein eig'nes Spiegelbild mir meinen Schlaf bewacht
Und ich will niemanden wollen, nein, ich will, dass man
mich will
Bis ich kriege, was ich brauche, halt ich niemals still

Liebe kommt von lieben und ich fange bei mir an
Und mit ein bisschen Glück, bist eines Tages Du mal dran
Ich gebe meinem Ego täglich die spezielle Kur
Nur meistens geb' ich mir gleich alles und am liebsten pur, sure
An jedem Tag, an dem es mein Weltbild länger gibt
Erkenne ich mich selbst und ich bin neu verliebt
Die Sterne schreiben meinen Namen in das Firmament
Damit er hell in Euren Augen brennt.«[29]

Große gemeinschaftsstiftende Organisationen unter Druck

Eine negative Folge dieser Fokussierung auf das Individuum ist die Abkehr von großen Organisationen wie Kirchen, Gewerkschaften und Parteien, die Menschen und Gesellschaften früher einen Halt und Orientierung im Leben gegeben haben. Das ist gleichzeitig auch positiv zu sehen, denn diese großen Organisationen können auch bedrückend wirken und es ist eine wunderbare Freiheit, wenn man sich von Vorgaben befreit und sein Leben selbst gestaltet. Gerade die katholische Kirche hat viele Menschen an ihrer Entfaltung und der Verwirklichung ihrer Träume gehindert, manche

[29] Falco (1998): Egoist. https://www.songtexte.com/songtext/falco/egoist-6bdc8e9a.html.

traumatisiert. Andererseits fühlen sich manche aufgrund der nun schier unzähligen Möglichkeiten der Lebensgestaltung überfordert. Sich zurechtzufinden, fällt manchen Menschen sehr schwer, und selbst die proletarischen oder »Underdog«-Codes der Vergangenheit, die Abgrenzung oder Gruppenzugehörigkeit und damit Selbstvergewisserung ermöglichten – wie Tattoo, Piercing oder Punkmusik –, werden heute auch von den ökonomischen Gewinner*innen für ihren individualisierten Lebensentwurf okkupiert.

Die Entwicklungen von neoliberalen Positionen und die zunehmende Individualisierung sind also eng miteinander verbunden. Frank Vogelsang nennt diesen aktuellen liberalen Zeitgeist, in dem die freie Selbstentfaltung des Individuums eine zentrale Stellung erlangt hat, den »hegemonialen Diskurs der Spätmoderne«.[30] Dabei wird alles, was das Individuum bei der Selbstverwirklichung befördert, als positiv eingestuft. Außerdem wird die Gesellschaft auf die gegenwärtigen Verhältnisse und auf die Steuerung von Systemen – wie dem Markt – reduziert. In der Folge haben wir »starke Bilder von einer besseren Zukunft«[31] verloren.

Dieser hegemoniale Diskurs hat nicht nur bei den Grünen und der FDP alle Entscheidungen beeinflusst, sondern auch in den beiden Volksparteien der alten Bundesrepublik breiten Raum eingenommen. Während die Sozialdemokratie immerhin noch den Blick für Aufstiegschancen hatte, verdreht sich der Diskurs derzeit durch die Klimabewegung: Annalena Baerbock und Robert Habeck wollen mit den eingeübten Marktmechanismen nun die aktuellen globalen ökologischen Fragen lösen. Die Nachfrage, sprich das Konsumverhalten der Einzelnen, soll es regeln: Ob Reduzierung des Fleischkonsums, Flugscham, das Ersetzen des Autos durch Fahrräder oder teurerer Ökostrom – all diese Maximen sind für ihre eigene Klientel weitgehend unproblematisch, ebenso für die Wähler*innen der CDU und das Publikum des liberalen Journalismus.

[30] Vogelsang 2020. Siehe Gespräch in diesem Buch, Kapitel 2.
[31] Ebd.

Zentral scheint dabei vor allem die Demonstration der »richtigen« Gesinnung. Die konkrete politische Organisation dringend benötigter vernünftiger Lösungen zugunsten des Klimawandels zum Wohle aller hingegen kommt eher zu kurz. Aktuelles Beispiel ist die Entscheidung der Stadt Köln, nicht mehr den Energieversorger Rheinenergie für den Strombedarf städtischer Gebäude zu beauftragen, da vom kommunalen Versorger zwar 100 Prozent Ökostrom gewährleistet wurde, aber ein anderer Anbieter billiger war. Dabei können die Ratsmehrheit und die Oberbürgermeisterin die Rheinenergie in ihrem Kurs durchaus selbst steuern. Die Energiewende wurde eingeleitet, aber die selbst gesteckten Ziele sind auf einmal nicht mehr hoch genug; die eigene Verantwortung wird wegdiskutiert.

Auf diese Weise gerät erneut die klassische kommunale Daseinsvorsorge unter Beschuss, ein Angriff, der – bezeichnenderweise von neoliberaler Seite – schon Ende der 1990er-Jahre erstmals erfolgte. Schon damals wurde an der WiSo-Fakultät der Kölner Universität zum Angriff auf den steuerlichen Querverbund der Stadtwerke geblasen. Damals versuchten wirtschaftsliberale Thinktanks mit Unterstützung der Wirtschaftsprofessor*innen, der FDP sowie der Mittelstandsvereinigung der CDU die Daseinsvorsorge sturmreif zu schießen. Gottlob ohne Erfolg. Die Möglichkeiten, die Verluste der städtischen Bäder und der Nahverkehrsbetriebe durch die Gewinne der kommunalen Energieunternehmen auszugleichen, blieben erhalten. Zwanzig Jahre später droht nun also erneut Gefahr für die Daseinsvorsorge von anderer, nämlich von grüner Seite.

Sie repräsentiert jetzt die neue »aristokratische« Gesellschaft – und zwar im ursprünglichen Sinne der griechischen Geschichtsschreibung die »aristoi«, die Besten, die sich heute aus jenen zusammensetzt, die effizient, gesund und ökologisch leben. In ihrem Selbstverständnis legitimiert sie sich durch erbrachte Lebensleistung sowie durch ihren Bildungsstandard. Systematisch ausgeblendet wird dabei gern, dass ein Großteil dieser Klientel im Wesentlichen materialistisch ausgerichtet ist und durch den eigenen

Lebensstil (viele Reisen, große Wohnungen, Nahrung aus anderen Ländern usw.) zum Klimaproblem nicht unerheblich beiträgt. Auch im grün-liberalen Milieu gibt es Statussymbole, die jedoch geschickter vermarktet werden als traditionelle Statussymbole wie ein eigenes Auto.[32]

Mein Respekt hingegen gilt denjenigen, die ihr gesamtes Leben daran orientiert haben, im ökologischen Gleichgewicht zu leben, die ihre eigenen Privilegien reflektieren und eben nicht auf diejenigen herabschauen, die bei Aldi einkaufen und sich ein eigenes Auto wünschen. Der Verzicht der/des Einzelnen auf Plastik ist ein schönes Symbol, aber auch hier müssen wir uns abwenden von der neoliberalen Erzählung, dass jede*r Einzelne die Klimaerwärmung aufhalten könne. Was wir wirklich benötigen, sind politische Lösungen! Und wir benötigen Lösungen, die eben nicht nur auf eine einzige Klientel ausgerichtet sind. Meines Erachtens ist der fehlende Dialog mit Menschen, die sich den innerstädtischen Lebensstil nicht leisten können oder wollen, die zentrale Ursache. Es wird nicht nur nicht geredet, sondern die Äußerungen bestimmter Gruppen gelten sofort als rechts oder diskriminierend. Zuhören und Wahrnehmen von Menschen, die in ökonomisch schwachen Vierteln wie Vingst, Finkenberg oder Chorweiler eben einen anderen Blick auf ihre Realität haben, fällt vielen akademischen, innerstädtischen Milieus schwer. Hinzu kommt, dass kritische Hinweise als parteipolitisch abqualifiziert werden. Dabei wurde gerade in der Pandemie sehr deutlich, dass die bereits vorher bekannte Spaltung in unseren Städten enorme Anstrengungen verlangen würde, wenn gleiche Lebenschancen wiederhergestellt werden sollen. In der Pandemie wurden (Über-)Lebenschancen wortwörtlich nötig: Die stadtteilbezogenen Inzidenzzahlen haben mehr als deutlich die sozialen Verwerfungen gezeigt, die durch ungünstige Wohn- und Arbeitsverhältnisse, Bildungsbenachteiligung und finanzielle Schwierigkeiten ausgelöst werden. Innerhalb weniger Stunden wurde die Sonderimpfung in Brennpunkten

[32] Flügge 2020, S. 60.

parteiübergreifend zum Megathema. Hätten dieselben Lautsprecher die Politik für solche Stadtteile schon vorher unterstützt, wäre manches einfacher. Wer vertritt die Menschen aus diesen Stadtteilen in den Räten und Parlamenten? Oftmals besetzen die innerstädtischen Milieus nur die Wahlkreise dieser Quartiere, so haben zum Beispiel die Grünen in Köln kaum ein rechtsrheinisches Ratsmitglied in ihren Reihen. Damit sind die Menschen dort von politischen Entscheidungen noch weiter abgekoppelt, geringe Wahlbeteiligung und fehlende Repräsentanz bedingen sich gegenseitig. Anstelle größerer Partizipation wird im Gegenteil dafür geworben, die Entscheidung über die großen gesellschaftlichen Fragen an Expert*innen zu delegieren. Am besten sollen das explizit Parteilose sein: Wer hat schon etwas gegen Expert*innen? Allerdings wurde in der Corona-Krise deutlich, dass neben einer Expertise vor allem eine politische Kommunikation und Prioritätensetzung zwingend nötig sind. Die hinter der Prioritätensetzung liegenden Werte müssen transparent diskutiert werden. Michael Sandel äußert jedoch einen entscheidenden Einwand, dem ich mich anschließen möchte: »Darauf zu bestehen, dass gesellschaftliche und politische Probleme am besten durch hochgebildete, wertneutrale Expert*innen gelöst werden können, entspricht einer technokratischen Konzeption, die die Demokratie korrumpiert und normale Bürger entmachtet.«[33]

Leistung ohne Gesellschaft?

Die Idee der reinen Leistungsgesellschaft, zudem von Expert*innen geleitet, in der vor allem diejenigen belohnt werden, die mit Ellbogen um ihr eigenes Vorankommen kämpfen, während andere vergeblich nach Möglichkeiten der Teilhabe suchen, ist jedenfalls erschreckend. Daher »hat die Rede von Zusammenhalt so große Konjunktur«.[34]

[33] Sandel 2020, S. 118.
[34] Flügge 2020, S. 20.

Doch wie kann Zusammenhalt in einer leistungsorientierten Gesellschaft aussehen? Blinder Marktglaube und übersteigerter Aufstiegswille mit akademischer Bildung als ausschließlicher Grundlage können Zusammenleben, Gesellschaft, Staat und Demokratie zersetzen. Die Bertelsmann-Stiftung fand 2011 heraus, dass nur zwei Drittel der Deutschen der Auffassung waren, dass man für Leistung gerecht belohnt werde und alle Bürger*innen dieselben Aufstiegschancen haben.[35] Im Ergebnis wendet sich damit ein Drittel der Menschen von der Leistungsgesellschaft ab, wodurch ein doppelter Effekt entsteht: Die »Erfolglosen« sehen keine Chance auf Aufstieg und die Mittelschicht fühlt sich nach unten gedrängt.

Genau diese Mischung aber scheint der Nährboden für erstarkende rechtspopulistische Ideen zu sein, so bei Trump, beim Brexit, in Ungarn und so weiter. Das weltweite Erstarken von Rechtspopulisten führt wiederum zu einer grundlegenden Auflösung einer Leistungsgesellschaft: Expert*innen werden angezweifelt und Eliten von vornherein als Betrüger*innen und Abzocker*innen gebrandmarkt. Ein offener Diskurs, ein Streit um den richtigen Weg ist hier nicht mehr möglich. Alarmierender Höhepunkt dieser Entwicklung war die gewaltsame Stürmung des Kapitols in Washington anlässlich der Machtübergabe von Donald Trump an Joe Biden. Spätestens dieses Schreckensereignis wirft eine Grundsatzfrage auf: Ist ein Geschäftsmann wie Trump – man könnte sagen: ein ultra-kapitalistischer Egomane mit der Überzeugung, seine eigene Leistung habe ihn da hingebracht, wo er ist – wirklich noch weit entfernt von einem sozialdarwinistischen oder gar faschistischen Anführer?

Ich will ganz klar betonen, dass die Alternative zur Leistungsgesellschaft im Gegenmodell sozialistischer Staaten ebenfalls krachend gescheitert ist, denn auch dort wurden oft keine Expert*innen, sondern Ja-Sager*innen gefördert. Parteibonzen belohnten prinzipienlose Mittelmäßigkeit und brachten das System von innen zum Einsturz. Die Unmenschlichkeit, mit der das System Ge-

[35] Vgl. Neckel 2012, S. 68.

folgschaft einforderte, gepaart mit der Unmöglichkeit, sich selbst individuell zu verwirklichen, haben den Drang nach Freiheit in Proteste münden lassen, die schließlich den Umsturz herbeiführten. Ein solches kleinbürgerliches und restriktives System musste überwunden werden.

Leistung und Herkunft – die Identität und die soziale Frage

Ziel der Leistungsgesellschaft war es, Menschen unabhängig von Hautfarbe,[36] Religion und Geschlecht allein aufgrund ihres Talents und ihrer Leistung in Führungspositionen zu bringen. Was jedoch in Wirklichkeit passiert ist, lässt sich am Beispiel der Eliteuniversitäten in den USA zeigen: Zwar wurden dort im Lauf der Jahrzehnte tatsächlich Führungspositionen diverser besetzt und die Gesamtklientel der Studierenden und Mitarbeitenden wurde diverser. Doch gleichzeitig ist der ohnehin schon geringe Anteil an Kindern aus armen Verhältnissen sogar noch gesunken.

Das zeigt: Ja, es ist wichtig und notwendig, dass Menschen nicht (rassistisch) diskriminiert und benachteiligt werden. Wir müssen uns mit gewachsenen rassistischen und sexistischen Strukturen auseinandersetzen und gemeinsam als Gesellschaft weiterentwickeln. Aber: Diversität allein löst das sozioökonomische Problem nicht. Vielmehr benötigt es zwingend ausgeweitete Zugangsmöglichkeiten, deutliche Förder- und Unterstützungsmaßnahmen, die unabhängig von Religion, Geschlecht und Hautfarbe oder Herkunft angeboten werden. Eine einseitige Betonung des Leistungsprinzips ist jedenfalls infrage zu stellen, denn es ist ein Prinzip, »in dessen Deutungshorizont sich von der Arbeiterbewegung über den Feminismus bis hin zu den heutigen Forderungen nach Chancengerech-

[36] Bei »Hautfarben« werden Menschen aufgrund von konstruierten Grenzen in Gruppen eingeteilt und erhalten in einem rassistischen Kontext Privilegien. »Hautfarbe« ist in unserem Kontext also als soziale Konstruktion zu verstehen.

tigkeit für Migranten Konflikte um die soziale und ökonomische Teilhabe entzünden«.[37]

Prinzipiell haben die meisten Demokrat*innen das gleiche Ziel: Wir wollen, dass in einem reichen Land wie Deutschland Kinder keinen Hunger leiden müssen und dass Menschen nicht aufgrund von Rassismus ausgegrenzt werden. Wir wollen ein friedliches gleichberechtigtes Miteinander, um gemeinsam an Aufgaben wie dem Klimawandel arbeiten zu können. Doch in derzeitigen (linken) Debatten werden die Ursachen für das sozioökonomische Problem einseitig auf Diskriminierungseffekte reduziert; reflexartig wird mit identitätspolitischen Thesen auf wirtschaftliche Benachteiligung reagiert und absurderweise genau dadurch die Ungleichheit verstärkt.

Was also fehlt in dieser Gesellschaft, ist ein positives, nicht ausschließendes »Wir«. Wir haben jetzt die dringende Aufgabe, zu versöhnen und – wie Gesine Schwan es ausdrückt – friedlich und mit Zuversicht den Aufbau einer freien Gesellschaft zu gestalten. Wir dürfen uns nicht in Identitätskollektiven abschotten und uns über Feindbilder identifizieren; so entfernen wir uns immer weiter voneinander. Stattdessen benötigen wir Räume, in denen wir – auf demokratischer Wertegrundlage – angstfrei Kritik äußern und Probleme aushandeln können.[38] Wir alle, die der Demokratie vertrauen, müssen gemeinsam die richtigen Antworten suchen, damit nicht die falschen von rechts geliefert werden.

Wie überwinden wir die Plutokratie?

Ziel einer solchen Versöhnung muss es sein, die Verheißungen einer individualistischen Gesellschaft wieder für alle erreichbar zu machen; daran zu erinnern, dass Freiheit materielle Voraussetzungen braucht. Wer sich um die Grundpfeiler seiner materiellen Exis-

[37] Neckel 2012, S. 65.
[38] Schwan 2021.

tenz sorgen muss, der kann kein selbstbestimmtes Leben führen. Eine Gesellschaft aber, die reich genug ist, um diese Voraussetzungen zu schaffen, und es dennoch nicht tut, ist weder moralisch noch politisch vertretbar. Kurzum: »Links« ist (auch) heute (noch) da, wo sich Bürger*innen eigenes Terrain zurückerobern – gegen die Ansprüche einer zunehmend entfesselten Marktwirtschaft, die das Politische und Öffentliche so weit ökonomisiert hat, dass einer kleinen Zahl von Gewinner*innen eine immer größer werdende Zahl von »Erfolglosen« gegenübersteht. Beide sind heute eine Bedrohung der Demokratie.

Wir stellen fest, dass im Kapitalismus selbst mittlerweile der lange beschworene Leistungsgedanke in Wirklichkeit keine Rolle mehr spielt und sich das System damit selbst unglaubwürdig macht: »Tatsächlich fehlen dem Leistungsprinzip im Finanzmarktkapitalismus elementare Voraussetzungen dafür, um als Rechtfertigung sozialer Ungleichheit wahrgenommen zu werden. Hiermit ist nicht der triviale Sachverhalt gemeint, dass die tatsächliche Verteilungsordnung moderner Gesellschaften schon immer das Leistungsprinzip verletzte. Was sich heute als Erosion des Leistungsprinzips eingestellt hat, betrifft vielmehr den Umstand, dass die Wohlstandsverteilung im Finanzmarktkapitalismus zunehmend gar nicht mehr als ein Anwendungsfall des Leistungsprinzips erscheint und insbesondere der Reichtumszuwachs in den Oberklassen gänzlich außerhalb des Leistungsprinzips steht.«[39]

Das reine Leistungsprinzip »birgt ein Potential legitimer Kritik immer dann, wenn eine Gesellschaft die nützlichen Beiträge und Anstrengungen bestimmter Sozialgruppen missachtet«.[40] »An der Spitze der sozialen Hierarchie sprechen wir daher heute nicht ohne Grund von einer neuen Plutokratie, mithin einer Reichtumsherrschaft, die alle Regeln des Leistungsprinzips weit hinter sich lässt. Wir haben es hier mit einer Verteilungsordnung zu tun, die auf den

[39] Neckel 2012, S. 68.
[40] Ebd., S. 70.

Besitztiteln von Anlagekapital gründet und dadurch eine Sozialstruktur etabliert, die aus den Regeln einer bürgerlichen Leistungs- und Wettbewerbsordnung nicht mehr erklärbar ist.«[41]

Wir benötigen Respekt und Loyalität untereinander, und zwar unabhängig von sozialem Status, Position oder Geld. Wir brauchen wieder eine bessere Anerkennung von Arbeit, egal ob diese mit oder ohne Uni-Abschluss durchgeführt wird.[42]

Ändert Corona alles?

Corona hat gezeigt, dass wir vom Gesundheits- und Pflegepersonal abhängig sind, dass wir dieses aber gleichzeitig unter teilweise sehr schlechten Bedingungen arbeiten lassen. Seit Jahren werden Unterfinanzierung und Fachkräftemangel kommuniziert, doch geändert hat sich im Kern nichts. Die Frage, »ob verschiedene Arbeits- und Lebensleistungen auch jeweils die Belohnung und Anerkennung erhalten, die ihnen zukommen sollten«,[43] ist also direkt beantwortet: Nein. »Leistung« wird nicht als Leistung für die Gesellschaft, für Gesundheit und für die Schwachen unserer Gesellschaft definiert.

Die Interessen und der Schutz von Kindern und Jugendlichen spielten in der Pandemie kaum eine Rolle. Die Leistungsgesellschaft war auch schon vor der Pandemie nicht einmal in der Lage, den eigenen Nachwuchs vernünftig mit Ressourcen ausstatten und in der Pandemie wurde das schonungslos offengelegt: Die schlechte Ausstattung der Schulen, ja selbst der bauliche Zustand der Schulen und die personelle Ausstattung waren und sind inakzeptabel. Gleichzeitig mussten diese Kinder und Jugendlichen für das Überleben der Großelterngeneration enormen Verzicht üben und große Einschränkungen akzeptieren.

[41] Ebd., S. 67.
[42] Sandel 2020, S. 118.
[43] Neckel 2012, S. 64.

Eine Mehrheit – zu der auch ich mich zähle – hat unglaubliches Glück gehabt und kann ein schönes Leben voller Wohlstand, Bildung und Selbstverwirklichung führen.[44] Für uns stellt Corona erstmalig diese gefühlten Selbstverständlichkeiten infrage. Die Einschränkungen werden von einer uns unbekannten und nicht greifbaren »Macht« erzwungen – diesmal unterschiedslos auch für die Gewinner*innen. Auf einmal war es nicht die eigene Leistung, die eigene Vorgehensweise, die zu einem reduzierten Leben führt. Nein, die Regierung machte Vorgaben, manche gerieten in wirtschaftliche Probleme und konnten ihre Probleme allein nicht mehr lösen. Sie brauchten Solidarität und Unterstützung von Staat und Gesellschaft.

Die Pandemie hat viele Menschen an ihre Belastungsgrenze und darüber hinaus gebracht. Es hat sich gezeigt, wie wichtig der Sozialstaat ist, welche Bedeutung eine Gesellschaft hat, in der Menschen füreinander einstehen. Wir müssen jetzt offen ins Gespräch miteinander kommen und aus unseren Fehlern lernen. Wir können nicht einfach weitermachen wie bisher, sondern müssen uns fragen, welche Prinzipien wir über Bord werfen und welche wir stattdessen ausbauen müssen. Denn ich bin überzeugt: Corona ändert unsere Blickweise auf Probleme und Herausforderungen, die zuvor schon existierten, die aber als unwichtig gewertet wurden oder bei denen eine falsche Lösungsstrategie (nach neoliberalem Maßstab) entwickelt wurde.

Freiheit um jeden Preis?

Selbstverständlich wird es in einer Gemeinschaft, einer Gruppe, immer darauf ankommen, dass Eigenverantwortung und -initiative gelebt werden. Auch die wunderbare Freiheit, die zurzeit von einer großen Gruppe von Menschen in der westlichen Welt gelebt wer-

[44] Auch bei mir zu Hause wird zwischen meiner Tochter, ihrem Opa und mir hitzig diskutiert, ob wir nun privilegiert sind oder teilweise einfach Glück hatten.

den kann und die vermutlich keine menschliche Generation jemals so leben konnte, will ich nicht missen. Aber es wird den Chines*innen kaum erklärbar sein, dass diese wunderbare Freiheit und dieser Luxus ihnen verwehrt bleiben soll. Insofern müssen politische Perspektiven immer mitdenken, dass dieses liberale Lebensgefühl im kantischen Sinne allen zugänglich sein muss, ohne dabei jedoch den Planeten zu zerstören. Wir werden deshalb an einem solidarischen Individualismus nicht vorbeikommen. Die Frage ist, ob wir uns als Gesellschaften national wie international auf einen gemeinsamen Rahmen verständigen können. Für mich wird dabei eines ganz entscheidend sein: Im Film *Fack ju Göhte* beschreibt die Schülerin Chantal, dass sie bereits ihr ganzes junges Leben das Gefühl habe, man halte ihr die Tür zu, man wolle sie nicht dabeihaben und missgönne ihr jegliches Glück. Ist es nicht Aufgabe der Politik – insbesondere der sozialdemokratischen Politik –, die Türen aufzureißen, alles wegzuräumen, was Türen zuhält? Als Sozialdemokrat möchte ich in dieser Tradition alles dafür tun, dass Menschen an sich und an ihren Aufgaben wachsen können.

Politik soll dabei nicht vorschreiben, wie, wie schnell und wohin ein Mensch wächst. Aber Politik hat die wichtige Aufgabe, ein Wachsen zu ermöglichen, Bedingungen zu schaffen, damit Wachsen gelingen kann, wie und wohin jede*r Einzelne möchte und kann – und zwar unabhängig von den jeweiligen Voraussetzungen und dem Geldbeutel! Alle Talente zu sehen und zu fördern, Anreize zu setzen und dabei natürlich auch Leistung zu fordern. Genau so viel, wie das Kind oder der Erwachsene für das persönliche Wachstum braucht. Und Hürden wegzuräumen, neue Anläufe zu ermöglichen und Hilfestellungen zu leisten.[45]

Aber es geht nicht nur um jede*n Einzelne*n. Es geht auch um uns alle und um unser gemeinsames Vorgehen. Und das ist mehr als Kooperation oder Teamgeist. Für uns heißt das: Zusammenhalt,

[45] Ich danke meiner Kollegin Gabriele Hammelrath, bei der ich mir diese Worte geliehen habe, da sie so gut ausdrücken, was ich denke.

also Solidarität. Und das gilt überall, in der Familie, in der Schule und am Arbeitsplatz. Und das gilt für alle Menschen, so verschieden und speziell sie auch sein mögen. Der Zusammenhalt, den wir erleben, macht uns stark und lässt uns manche Hürden oder Rückschläge überwinden. Denn auch die gehören zum Wachsen dazu.

Vor allem aber gilt es, ein anderes Leistungsverständnis zu entwickeln: eines, das Chancen ermöglicht, das sowohl das individuelle Glück berücksichtigt als auch Loyalität zu den Mitmenschen belohnt. Das Streben nach dem eigenen Vorteil muss nicht zwangsläufig zum Nachteil eines anderen erfolgen![46]

Michael Sandel zitiert in diesem Zusammenhang Friedrich August von Hayek und den US-Philosophen John Rawls: Beide betonen, dass der Marktpreis nicht gleichzusetzen ist mit der Bedeutung in der Gesellschaft.

Um eine Alternative zur neoliberalen Leistungsgesellschaft ermöglichen zu können, benötigen wir verschiedene Ansatzpunkte und Ideen. Mit dem Grundpfeiler der sozialen und ökologischen Marktwirtschaft können wir mittel- und langfristig eine gesunde, fairere und stabilere Gesellschaft ermöglichen. Es wird darauf ankommen, das Nachhaltigkeitsdreieck Ökonomie, Ökologie und soziale Gerechtigkeit vernünftig auszubalancieren.

Grundlage dafür ist für mich: Gutes Leben durch gute Bildung. Oder: Aus jedem Leben das Beste machen. Sie betrifft den Einzelnen und alle zugleich. Denn ob 1950 oder 2020 – eines wollen Eltern überall auf der Welt und zu jeder Zeit: dass es ihren Kindern einmal gut geht, besser womöglich als ihnen selbst und dass ihnen dafür alle nur denkbaren Chancen geboten werden. Die Interessen vieler einzelner Personen, der Eltern, ist somit ein gesamtgesellschaftliches Anliegen. Denn: Nur wo Wissen auf breiter Front gedeiht, entwickelt sich eine moderne und wettbewerbsfähige Volkswirtschaft mit guten Aussichten auf nachhaltigen Wohlstand. Und nur wo Wissen gedeiht, können auf Dauer auch jene Lösungen ent-

[46] Vgl. Flügge 2020, S. 20.

wickelt werden, die wir brauchen, um das Leben auf unserem Planeten für weitere Generationen zu garantieren. Da, wo Anstrengung und Leistungsbereitschaft und entsprechende Förderung miteinander einhergehen, wo humanistische Bildung in den Mittelpunkt gerückt wird, da werden Aufbruch und damit ein neues, verbindendes Narrativ und ein Neuanfang spürbar.

Denn: »The ideology that was dominant these last 40 years is dying. What will replace it? [...] Now a space has opened up for a different, more realistic view of human nature: that humankind has evolved to cooperate.«[47]

[47] Bregman 2020.

Kapitel 5: Zehn Schritte auf dem Weg zum »Wir«

Ein solidarischer Individualismus, der den Traum, das eigene Leben zu leben und selbst zu gestalten, kombiniert mit dem Wissen, dass dieser Traum ohne eine Gemeinschaft mit anderen, die mich motivieren und herausfordern, und ohne Staat, der die Grundlagen dafür legt, mich entwickeln zu können, nicht möglich ist. Ein Individualismus, der den anderen mitdenkt; ein Freiheitsbegriff, der immer das »frei von …« und das »frei, um zu …« zusammendenkt, ist eine soziale und demokratische Sicht auf die Zukunft unseres Landes und unseres Kontinents.

Für diesen Weg zum »Wir« schlage ich zehn Schritte vor:

1. Steuern auf Arbeit runter – Steuern auf Spekulationen hoch!

Arbeit braucht Anerkennung – in Form von Geld ebenso wie in nicht-materieller Weise als Respekt. Aber auch der muss über reinen Applaus hinausgehen. Ein bedingungsloses Grundeinkommen erfüllt diese Funktion nicht, sondern dient eher als Beruhigungsmittel für die schwächeren Teile der Gesellschaft. Stattdessen sage ich: Löhne hoch und Steuern auf Arbeit runter. Ich schlage vor, die Einkommensteuer auf Arbeit am besten bis zum Durchschnittseinkommen im Bruttojahresgehalt freizustellen. Im Gegenzug sind Steuern auf Digital- und Finanzprodukte, insbesondere auf Spekulation und Derivate deutlich anzuheben. Soziale und Gesundheitsberufe, Entsorgungs- und Versorgungsberufe, Logistik- und Transportberufe müssen deutlich besser bezahlt werden. Auch ehrenamtliches Engagement benötigt mehr Würdigung.

2. Vermögenssteuer und Erbschaftssteuer sinnvoller gestalten

Vermögenssteuer und Erbschaftssteuer so gestalten, dass die Entwicklung Richtung Plutokratie gestoppt wird. Die Erbschaftssteuer sollte mindestens einen Freibetrag für die selbstbewohnte Immobilie vorsehen, darüber hinaus aber höher ausfallen als bisher. Die Vermögenssteuer muss als reine Ländersteuer zweckgebunden für unsere Kitas, Schulen und Hochschulen eingeführt werden. So wird unsere Bildung in Zukunft gestärkt, wir verhindern die Entwicklung der Leistungsgesellschaft zur Plutokratie und stärken stattdessen die Gemeinwohlfunktion des Eigentums. Anders ausgedrückt: Wir fördern eine rheinische Form der Meritokratie.

3. Klima-, Wohn- und Ernährungsboni einführen

Wir benötigen einen sozial gerechten und ökologisch zukunftstauglichen Umbau der Gesellschaft und unseres Wirtschaftssystems. Dabei darf ein umwelt- und ressourcenschonendes Leben nicht vom Geldbeutel abhängig sein. Immer wenn eine Diskussion um Preiserhöhungen bei Energie, Fleisch oder Mobilität stattfindet, müssen auch Boni mitdiskutiert werden, damit sich alle umweltbewusst im Markt bewegen können. Das heißt: Anstatt zu bestrafen, werden diejenigen, die sich engagieren, durch die Auszahlung von Boni belohnt. Sonst läuft es auf eine Art Ablasshandel für die neue grüne Aristokratie heraus.

4. Wehrpflicht, Zivildienst und Katastrophenschutz

Das Verhältnis zwischen Staat und Bürger*innen muss neu ausgerichtet werden. Die (Wieder-)Einführung eines militärischen beziehungsweise sozialen Dienstes oder eines Einsatzes beim Katastrophenschutz für alle volljährigen Bürger*innen kann dabei helfen.

Denn: Die zwangsweise Konfrontation mit anderen sozialen Kreisen als den eigenen stärkt das Gemeinschaftsgefühl. Außerdem bringt der Dienst Staat und Bürger*innen auf Augenhöhe – ein Vorgang, auf den wir noch nie weniger verzichten konnten als heute. Dies ermöglicht ein balanciertes soziales Miteinander nach demokratischen Spielregeln, in dem ein gutes Leben für *alle* möglich ist und nicht nur für wenige. Dabei könnte gelten: Wer sich für die Gemeinschaft engagiert, erhält dafür als Ausgleich zum Beispiel drei Monate mehr Elternzeit.

5. Schulscharfen Sozialindex durchsetzen und Schule erneuern

Die Postleitzahl und die Herkunft der Eltern dürfen nicht mehr über die Chancen in Schule, Ausbildung, Studium und Beruf der Kinder entscheiden! Viele Schulen, gerade an Standorten mit besonderen Herausforderungen, brauchen zusätzliche Ressourcen wie finanzielle Mittel oder mehr Personal. Diese können mit einem schulscharfen Sozialindex, der die Schulen anhand ihrer sozialen Rahmenbedingungen in Belastungsgruppen einordnet, ermittelt werden – und dann muss hier auch investiert werden. Wer dazu nicht bereit ist, schafft eine rigide Parentokratie und verhindert die ausgleichende rheinische Meritokratie. Mehr denn je ist darüber hinaus eine Debatte über die Finanzierung insgesamt und die Lerninhalte von Schule dringend nötig. Kreativität und Lösungskompetenz brauchen mehr Raum und eine Kultur »des Behaltens« sowie der individuellen Förderung. Das muss endlich pädagogische Maxime werden, um morgen ein neues »Wir« zu ermöglichen.

6. Bürgerräte und Sozialraumkoordination – Orte ohne Markt

Bürgerräte unterstützen die Legislative und die Exekutive bei ihren Entscheidungen; sie werden per Zufall ausgewählt und finanziell unterstützt. Sie werden nicht nur bei einzelnen Fragen, nicht nur auf der lokalen Ebene beteiligt, sondern standardmäßig, überall im Land. Bürgerbeteiligung im klassischen Sinn wird so weiterentwickelt und die Demokratie gestärkt. Der »not in my backyard«-Egoismus« wird gestoppt. Wir brauchen eine kleinräumige Struktur, der sich eine überschaubare Anzahl von Menschen zugehörig fühlt. Daher müssen wir in Veedeln oder Stadtteilen überschaubare Strukturen und Angebote schaffen. Der Staat muss erkennbar vorhanden, handlungsfähig und für die umzusetzende Problemlösung zuständig sein. Damit rücken die konkreten Anliegen der Bewohner*innen ins Zentrum und es wird nicht ausschließlich aus der übergeordneten Perspektive derer »da oben« über die Themen eines Quartiers verhandelt. Das neue »Wir« kann und soll zuerst dort stark werden, wo die Menschen zu Hause und glücklich sind, eine Heimat haben und wo ein handelnder Staat erkennbar wird.

7. Wohnraum- und Quartiersentwicklung

Der Staat muss wieder eine starke Rolle in der Wohnungspolitik spielen und die Situation für die Bürger*innen verbessern; der Wohnungsmarkt darf keine Profitmaschine für ein paar wenige sein. Auch hier hat sich gezeigt, dass der Markt eben nicht alles regelt, dass Privatisierungen und Verkauf von städtischen Liegenschaften zum Höchstpreis im Endeffekt zum Nachteil der Bevölkerung führen. Zu viele Menschen leiden an zu hohen Mieten und die Obdachlosigkeit steigt. Wir brauchen daher eine soziale Wohn- und Stadtentwicklungspolitik, die dafür sorgt, dass das Menschenrecht »Wohnen« mittel- und langfristig sinnvoll einlösbar wird. Dazu gehört, die Genossenschaften und kommunalen Wohnungsbaugesellschaften finanziell zu stärken, endlich eine aktive Bodenpolitik im Sinne Hans-Jochen Vogels zu betreiben,[1] die Bebauungsplan- und Baugenehmigungsverfahren massiv zu beschleunigen, durch Konzeptvergabe die Investoren zu steuern, die Mietsteigerung zu begrenzen und vor allem jede*n so wohnen zu lassen, wie er/sie will. Das Verbot von Eigenheimen ist das Beispiel für eine neoaristokratische Gesellschaft, die Lebensträume und Ansporn von Menschen im Keim erstickt.

8. Daseinsvorsorge 4.0: Infrastruktur für eine Energie- und Verkehrswende

Unsere Gesellschaft braucht eine leistungsfähige Infrastruktur, um auch künftig als moderner Industrie- und Dienstleistungsstandort wirtschaftlich erfolgreich zu sein und eine hohe Lebensqualität zu sichern. Nur mit öffentlichen Unternehmen ist eine sozial gerechte und klimaschonende Verkehrs- und Energiewende möglich. Angebote rund ums Haus – Mobilität, Energie, Telefonie und Digitales, (Ab-)Wasser, Müll und so weiter – dürfen nicht komplett dem Markt gehorchen. Wo immer möglich, sollte es Alternativen in öffentlicher Trägerschaft geben. Zum Beispiel kommunale Kraft, Logistik und Handel vor Ort im Sinne eines »kommunalen Amazon« zusammenzuführen, wäre zukunftsweisend. Optimismus und die Bereitschaft, technische Lösungen zu entwickeln, sind dabei langfristig erfolgreicher als Verbote und/oder Ordnungsmaßnahmen.

[1] Hans-Jochen Vogel setzte sich bereits in den 1970er-Jahren gegen Bodenspekulationen ein. Er bewertete die Steigerung der Baulandpreise als wesentliche Ursache für Mietpreissteigerungen und forderte eine soziale Bodenpolitik: Bei der Nutzung von Grund und Boden soll das Allgemeinwohl maßgeblich sein und nicht der marktwirtschaftliche Gewinn; die Kommunen müssen eine aktive Rolle in der Bodenpolitik einnehmen und ihr Grund- und Bodenbesitz dafür ausgedehnt werden. Bis zu seinem Tod warb Hans-Jochen Vogel immer wieder für seine Ideen.

Eine gute Infrastruktur – von der Telekommunikation über die Mobilität bis hin zum Wasser- und Energiemanagement – ist die Grundlage für wirtschaftlichen Erfolg und schafft die Rahmenbedingungen zum Erhalt und zur Schaffung neuer Arbeitsplätze. Sie sichert die Ziele von nachhaltigem Wachstum und Klimaschutz, somit von Lebensqualität. Infrastrukturvorsorge ist besser als eine späte und teure Reparatur.

9. Digitale Transformation in gesellschaftlicher Verantwortung

Zu einer guten Infrastruktur gehört heute eine gelungene Digitalisierung. Besonders für die Teilhabe am modernen Leben ist der Zugang zu schnellem Internet überall unverzichtbar. Im Rahmen der Lernmittelfreiheit muss jede*r Schüler*in ein digitales Endgerät zur Verfügung stehen. Aus- und Fortbildung ist für sinnvolle Digitalität ebenso zwingend. In einer digitalen Welt müssen sich die Menschen zudem als emanzipierte Bürger*innen mit Rechten und Pflichten bewegen können. Technik und Datenschutz müssen dazu verbunden werden. Für die sogenannten sozialen Medien muss gelten: An den journalistischen und ethischen Standards, die für den konventionellen Journalismus entwickelt wurden, müssen sich auch die Meinungs- und Austauschplattformen orientieren. Soziale Medien sollten stärker sozialisiert werden – im Sinne des öffentlich-rechtlichen Rundfunks sollten sie öffentlich gesteuert und verantwortet werden. Eine Regulierung und damit eine Demokratisierung der massiven gesellschaftspolitischen Macht, die sich in den Monopolen der Technologiekonzerne gebildet hat, ist zwingend nötig. Rheinische Meritokratie kann auch hier Monopole verhindern.

10. Politik stärken!

In einer Demokratie sind demokratische Parteien überlebenswichtig, um Ideen und Vorstellungen der Menschen zu bündeln und dann im Wettstreit mehrheitsfähig zu machen. Für ein starkes »Wir« müssen sich dabei alle gesellschaftlichen Gruppen in der Politik wiederfinden, damit nötige Veränderungen für alle möglich bleiben. Dabei soll Politik Menschen nichts vorschreiben, schon gar nicht wie, in welchem Tempo und wohin ein Mensch wächst. Aber Politik hat die wichtige Aufgabe, Wachsen zu ermöglichen, allgemeine Bedingungen zu schaffen, damit individuelles Wachstum gelingen kann – und zwar unabhängig von den jeweiligen Voraussetzungen und dem Geldbeutel! Ziel muss es sein, alle Talente zu sehen und zu fördern, Anreize zu setzen und dabei natürlich auch Leistung zu fordern und zu fördern. Dabei geht es nicht nur um jede*n Einzelne*n. Es geht auch um uns alle und um unser gemeinsames Vorgehen. Und das ist mehr als Kooperation oder Teamgeist. Für mich heißt das Zusammenhalt, also Solidarität: In der Familie, in der Schule und am Arbeitsplatz; für alle Menschen, so verschieden und speziell sie auch sein mögen. Der Zusammenhalt, den wir erleben, macht uns stark und lässt uns manche Hürden oder Rückschläge überwinden. Denn auch die gehören zum Wachsen dazu. Das neue »Wir«, das daraus entsteht, heißt solidarischer Individualismus.

Literatur

Rolf Becker/Andreas Hadjar, »Meritokratie – Zur gesellschaftlichen Legitimation ungleicher Bildungs-, Erwerbs- und Einkommenschancen in modernen Gesellschaften.« In: Lehrbuch der Bildungssoziologie, S. 35-59.

Binyamin Appelbaum, *Die Stunde der Ökonomen. Falsche Propheten, freie Märkte und die Spaltung der Gesellschaft,* Frankfurt am Main 2020

Frank Bösch, *Zeitenwende 1979: Als die Welt von heute begann,* München 2019

Pierre Bourdieu, »Ökonomisches Kapital, kulturelles Kapital, soziales Kapital«, in: *Handbuch Bildungs- und Erziehungssoziologie*, Wiesbaden 2012, S. 229 – 242

Rutger Bregman, »The neoliberal era is ending. What comes next?«, 14.5.2020, https://thecorrespondent.com/466/the-neoliberal-era-is-ending-what-comes-next/61655148676-a00ee89a [Zugriff: 25.5.2021]

Georg Breidenstein, »Ungleiche Grundschulen und die meritokratische Fiktion im deutschen Schulsystem«, in: *Zeitschrift für Grundschulforschung, ZfG*, 13, 2020, S. 295 – 307

Frances Hodgson Burnett, *Little Lord Fauntleroy,* New York 1886

Isolde Charim, *Ich und die Anderen*, Wien 2018

Deutscher Gewerkschaftsbund DGB (2019), »Broschüre Blickpunkt – Eine ›Arbeiterpartei für Deutsche‹? Der Sozialpopulismus der AfD«, 26.9.2019, https://www.dgb.de/downloadcenter/++co++035b1614-e04c-11e9-b602-52540088cada [Zugriff: 25.5.2021]

Inka Dewitz, »Fleischkonsum und die katastrophalen Auswirkungen auf unser Klima«, 3.9.2020, https://www.energie-klima-

schutz.de/fleischkonsum-katastrophale-auswirkungen-klima/ [Zugriff: 25.5.2021]
Gøsta Esping-Andersen, *The Three Worlds of Welfare Capitalism,* Princeton 1990
Erik Flügge, *Egoismus: Wie wir dem Zwang entkommen, anderen zu schaden,* Bonn 2020
Thomas Fricke, »Alte Dogmen abschalten und die Klimakrise lösen«, 18.10.2019, https://www.spiegel.de/wirtschaft/soziales/klimapolitik-alte-dogmen-abschalten-und-die-klimakrise-loesen-a-1292092.html#ref=nl-dertag [Zugriff: 25.5.2021]
Stephan Grünewald, Wie tickt Deutschland?, Köln 2019
Robert Habeck, »Man muss nicht immer was müssen«, Interview mit Robert Habeck, in: *Die Zeit*, 14.11.2021, S. 41–42
Jürgen Habermas, »Moralischer Universalismus in Zeiten politischer Regression«, Jürgen Habermas im Gespräch über die Gegenwart und sein Lebenswerk, in: *Leviathan,* 1, 2020, S. 28. https://www.nomos-elibrary.de/10.5771/0340-0425-2020-1-7/moralischer-universalismus-in-zeiten-politischer-regression-juergen-habermas-im-gespraech-ueber-die-gegenwart-und-sein-lebenswerk-jahrgang-48-2020-heft-1 [Zugriff: 25.5.2021]
Kathrin Hartmann, Grüner wird's nicht. Warum wir mit der ökologischen Krise völlig falsch umgehen, München 2020
Wilhelm Heitmeyer, »Ungleichheit zerstört Gesellschaften«, Interview mit Wilhelm Heitmeyer, 1.1.2021, Deutschlandfunk, https://www.deutschlandfunk.de/reihe-auf-der-suche-nach-dem-wir-teil-i-ungleichheit.911.de.html?dram:article_id=490222 [Zugriff: 25.5.2021]
Ulrike Herrmann, »Das Wachstums-Paradox. Das Klima retten bei gleichzeitigem Wirtschaftswachstum: Kann das gehen? Und woher soll das Wachstum kommen?«, in: *taz am Wochenende* 23./24.11.2019, S. 11
Lisa Herzog, »Eliten und Demokratie. ›Wer viel verdient, glaubt, er hätte das verdient‹«, Deutschlandfunk Nova, 15.3.2020, https://www.deutschlandfunknova.de/beitrag/eliten-und-

demokratie-der-einfluss-von-koennen-und-leistung-vortrag-von-der-philosophin-lisa-herzog [Zugriff: 25.5.2021]
Lars Klingbeil, »Wir brauchen wieder einen starken Staat«, 14.2.2021, https://www.zeit.de/wirtschaft/2021-02/glasfaser-netz-internet-deutschland-schnelligkeit-lars-klingbeil-spd-generalsekretaer [Zugriff: 25.5.2021]
Holger Marcks / Maik Fielitz, *Digitaler Faschismus. Die sozialen Medien als Motor des Rechtsextremismus,* Berlin 2020
Nils Markwardt, »Wer spaltet hier«, in: *Der Freitag,* 31.7.2019, https://www.freitag.de/autoren/nils-markwardt/wer-spaltet-hier [Zugriff: 25.5.2021]
Wolfgang Merkel, »›Linksliberale Hegemonie und Hybris‹. Wolfgang Merkel im Gespräch über die Mitte, die Moral und die Grenzen der Meinungsfreiheit«, 5.11.2019, in: *IPG,* 5.11.2019, https://www.ipg-journal.de/interviews/artikel/linksliberale-hegemonie-und-hybris-3854/ [Zugriff: 25.5.2021]
Wolfgang Merkel/Naika Foroutan, »›Wir verkämpfen uns an falschen Fronten‹. Streitgespräch zwischen Naika Foroutan und Wolfgang Merkel«, in: *taz,* 14.1.2020, https://taz.de/Linksliberale-und-Identitaetspolitik/!5652406/ [Zugriff: 25.5.2021]
Franz Meurer / Jochen Ott/Peter Sprong, *Rheinischer Kapitalismus. Eine Streitschrift für mehr Gerechtigkeit*, Köln 2014
Robert Misik, *Die falschen Freunde der einfachen Leute*, Berlin 2019
Jan-Werner Müller, »Spaltung ist das Geschäftsmodell der Rechten«, Interview mit Jan-Werner Müller, in: Spiegel Online, 15.11.2019, https://www.spiegel.de/kultur/krise-des-liberalismus-spaltung-ist-das-geschaeftsmodell-der-rechten-a-00000000-0002-0001-0000-000166979825 [Zugriff: 25.5.2021]
Sighard Neckel, »Die Wirklichkeit des Leistungsprinzips. Ansprüche, Krisen, Kritik. Keynote zur Diskussionsveranstaltung ›Leistung, die sich lohnt? Das Versprechen der Chancengerech-

tigkeit‹ der Heinrich-Böll-Stiftung in Berlin am 25. Juni 2012«, in: *Kurswechsel*, 3, 2012, S. 64–70

Jochen Ott, *Mehr Politik wagen! Wie wir die Demokratie vor dem Kapitalismus retten,* Köln 2019

Andreas Reckwitz, *Die Gesellschaft der Singularitäten,* Berlin 2019

Michael Sandel, *Vom Ende des Gemeinwohls. Wie die Leistungsgesellschaft unsere Demokratien zerreißt,* Frankfurt am Main 2020

Michael Sandel, »Wir waren medizinisch und moralisch unvorbereitet«, Michael Sandel im Gespräch mit Stephanie Rohde, Deutschlandfunk Kultur, 1.11.2020, https://www.deutschlandfunkkultur.de/philosoph-michael-sandel-ueber-corona-in-den-usa-wir-waren.2162.de.html?dram:article_id=486688 [Zugriff: 25.5.2021]

Olaf Scholz, »Plädoyer für eine Gesellschaft des Respekts«, in: *Frankfurter Allgemeine Zeitung*, 1.3.2021, https://zeitung.faz.net/faz/politik/2021-03-01/def04bfe3b22a9101687a5b-8c5eaee2a/?GEPC=s9 [Zugriff: 25.5.2021]

Gerhard Schröder, »Regierungserklärung Agenda 2010«, 14.3.2003, https://gerhard-schroeder.de/2003/03/14/regierungserklarung-agenda-2010/ [Zugriff: 25.5.2021]

Gesine Schwan, »Wider das Gift kollektiver Identität«, in: *Süddeutsche Zeitung*, 26.2.2021, https://www.sueddeutsche.de/kultur/wolfgang-thierse-spd-debatte-gesine-schwan-gender-1.5219164?reduced=true [Zugriff: 25.5.2021]

Sozialdemokratische Partei Deutschland (SPD), »Beschluss des Präsidiums der SPD vom 27.06.2019«, 27.6.2019, https://www.spd.de/fileadmin/Dokumente/Beschluesse/Parteispitze/20190627_Beschluss_Klimaschutz_Arbeit.pdf [Zugriff: 25.5.2021]

Wolfgang Streeck, *Gekaufte Zeit: Die vertagte Krise des demokratischen Kapitalismus,* Berlin 2013

Wolfgang Streeck, »Der alltägliche Kommunismus. Eine neue Ökonomie für eine neue Linke«, in: *Blätter für deutsche und internationale Politik*, 6, 2019, S. 93–105, https://www.blaetter.